自由的斗士：
杰斐逊和玻利瓦尔

Fighters for Freedom:
the Life and Times of Thomas Jefferson and Simon Bolivar

[美] 亨德里克·威廉·房龙◎著

李丹◎译

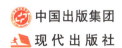
中国出版集团
现代出版社

图书在版编目（CIP）数据

自由的斗士——杰斐逊和玻利瓦尔 /（美）房龙著；
李丹译 . -- 北京 : 现代出版社 , 2016.3（2023.9 重印）
（房龙真知灼见系列）
ISBN 978-7-5143-4525-4

Ⅰ.①自… Ⅱ.①房… ②李… Ⅲ.①杰斐逊，T.（
1743 ~ 1826）—传记—青少年读物②玻利瓦尔，S.（
1783 ~ 1830）—传记—青少年读物 Ⅳ.① K837.127=41
② K837.747=41

中国版本图书馆 CIP 数据核字 (2016) 第 024294 号

自由的斗士——杰斐逊和玻利瓦尔

著　　者	（美）亨德里克·威廉·房龙
译　　者	李丹
责任编辑	周显亮　袁子茵
出版发行	现代出版社
地　　址	北京市安定门外安华里 504 号
邮政编码	100011
电　　话	010-64267325　010-64245264（传真）
网　　址	www.1980xd.com
电子信箱	xiandai@vip.sina.com
印　　刷	永清县晔盛亚胶印有限公司
开　　本	700mm×1000mm　1 / 16
印　　张	10
版　　次	2016 年 4 月第 1 版
印　　次	2023 年 9 月第 5 次印刷
书　　号	ISBN 978-7-5143-4525-4
定　　价	58.00 元

目录

01 彼得·杰斐逊上校夫妇喜得贵子 / 2

02 小托马斯认识到了个人的责任感 / 13

03 托马斯·杰斐逊涉足当地政坛 / 30

04 托马斯·杰斐逊跻身于不朽历史人物之列 / 38

05 一个最有价值的生命的最后五十年 / 61

06 玻利瓦尔即将出场 / 80

目录

07 一个爱刨根问底的富有的年轻人 / 107

08 自由之战拉开帷幕 / 122

09 光荣岁月 / 137

自由的斗士——
杰斐逊和玻利瓦尔

01 彼得·杰斐逊上校夫妇喜得贵子

这是一位伟大的美国绅士的故事。他出生于美国的一个荒远边区，但缔造了一个新的国家。在这个国家里，所有人都享有生命权、自由权和追求幸福的权利，这在人类历史上是第一次。

杰斐逊是英国名门望族的后裔，我提到这一点并不是说他出身于英国贵族，而仅仅是想说明，在他的父辈们决定移民新大陆之前的几百年中，他们就已经属于一个珍视个人自由的社会阶层了。这个阶层就是中世纪英格兰的自耕农阶层。在很多方面，托马斯·杰斐逊可以说是英国自耕农的一个美国翻版。如果我们不先深入了解"自耕农"一词的含义的话，就无法去了解杰斐逊，也不能认识到他在缔造共和国时所扮演的重要角色。

在他的脑海里，自耕农们应该有一小块属于自己的土地。

有关"自耕农"这一阶层产生的过程我们所知甚少，因为它是逐渐形成的。或许它是由自由农民的小儿子们组成，因为他们无望继承父亲的财产，不得不为一些领主服务。但是自耕农并不是一个像贵族或农奴、手工艺人或技工那样完全独立于其他群体的社会群体。

作为一个自耕农，意味着他可以做很多其他社会阶层的成员无法做的事情。其中的一件就是，他有更多的自由，想干什么就干什么。

例如，一个人可能是一个小规模的农场主，经营着自己的农场，但他也可能是一个自耕农，同时，又是一个大地主的林务官，就像您可能记得的乔叟①在《坎特伯雷故事集》序言里面所描述的自耕农一样。对他们来说，以何种方式谋生并没有什么关系，只要保持着自由的身份，并且在这个世界上拥有一些属于自己的东西，这就足够了。

一旦一个年轻的自耕农把自己出租给农场主的雇用期结束了，他就可以告别主人，去他想去的任何地方了。如果他足够幸运地继承了父亲的农场，那么不经法律的正当程序②，没有人可以干涉他，或者命令他做什么，甚至拿走他谷仓中的一粒谷物。

他的茅舍，不论多么简陋、多么陈旧、多么破败不堪，甚至年久失修，都是他自己的财产。如果没有执法官（该执法官由国王任命，并以其名义行事）所签名的正式搜查证，即使是国王本人，也不能跨进自耕

---

① 杰弗雷·乔叟(Geoffrey Chaucer, 1343—1400)，文艺复兴时期英国著名诗人，有"英国诗歌之父"之誉。他开创了英国文学的现实主义传统，对莎士比亚和狄更斯影响很大。其作品《坎特伯雷故事集》描写一群香客聚集在伦敦一家小旅店里，准备去坎特伯雷城朝圣，店主人建议香客们在往返途中各讲两个故事，该故事集便是香客们所讲故事的汇总。
② 正当程序条款（due process law）是英美法系的一条重要的原则。

农茅舍的门槛一步。总体而言，自耕农都不富裕，通常属于一个小地产持有者阶层，但是他们却享有极其优越的社会地位，这是在中世纪末期其他任何国家里同等社会阶层的人都不曾拥有的。18世纪英国著名的政治家威廉·皮特①对自耕农及这一阶层有一段极其准确的描述："即使是最贫穷的自耕农，在他的茅舍里也可以向国王的军队挑战。茅舍可能岌岌可危，屋顶摇摇欲坠，风透过墙缝吹进茅屋。暴风雪可以进来，大雨可以进来，但是英格兰的国王却不可以进来，他的千军万马也不敢跨入这间门槛已经破损了的破房子。"

这确实是事实。这些自耕农可能很贫穷，但是他们知道自己享有某些"自然权利"，类似于美国独立战争年代那些美国人所宣称的他们所享有的自然权利一样。自耕农极其珍惜所拥有的这些"自然权利"，不惜一切代价——甚至献出自己的生命，来捍卫这些权利。

一旦掌握了这些历史背景，您就获得了理解托马斯·杰斐逊性格的一把钥匙。杰斐逊出生在当时美国的偏远西部地区，直到中年才踏足欧洲。他的家人是弗吉尼亚的早期定居者，因此，杰斐逊与祖辈们生活的地方并没有直接的联系。但是，当杰斐逊家族的第一个人决定离开威尔士的家园，跨越海洋，到新大陆开始新的生活时，他不仅带来了藏在箱子内的钱币和装在包裹中的家庭生活用品，还带来了远比这些更有价值的东西。

这就是英国自耕农一直以来最为珍视的财产——自由和独立的传统。综观托马斯·杰斐逊的一生，我们可以发现，有意或无意地，这种古老

---

① 这段话为老威廉·皮特（William Pitt, 1st Earl of Chatham, 1708—1778）所讲，他是第一代查塔姆伯爵，英国辉格党著名政治家，一般称之为老皮特。其次子小威廉·皮特（William Pitt, the Younger, 1759—1806）是英国历史上最年轻的首相。

他了解欧洲大城市中那些贫穷、嘈杂、拥挤的贫民窟。在那里，人们会很快失去自己的个性，成为"罐头盒的沙丁鱼"。他憎恨它们，认为它们是人类所有苦难的根源。

的理想仍然在激励着他。这一传统主张一个人的家应该是他的城堡，并强调在一切美德之中，自立和自尊高于一切。

这种渴望主宰自己命运的要求，徜徉在自己土地上的喜悦，不受他人干涉，按自己的方式优越地生活的梦想，都是杰斐逊性格的主要特

他更了解他深爱的那片土地。在那里，每个人都可以有一块属于自己的田地。人们热爱这片土地，因为它给人类提供了获得自由和独立，进而幸福的机会。

点。这也解释了他为什么讨厌大城市的生活。杰斐逊强烈反对人口像沙丁鱼一样大量聚集在一起，正如他反对财富大量聚集在少数富人的保险箱内一样；正如他反对一个人的手中掌握过多的权力，这个人可能是一

蒙蒂塞洛的春天。

位国王、皇帝、主教、高级教士，或者仅仅是一位郡的行政官员；也正如他反对任何人以任何方式干涉一个人的自然权利一样。

托马斯·杰斐逊喜欢把自己所参与建立的共和国视为一个大花园，一个由仁慈的上帝赐予他的美国同胞们的、世界上最美的花园。上帝赐予他们，是因为上帝清楚地了解，他们可以按照自己的意愿在花园里耕耘劳作，与邻居和睦相处，不会嫉妒栅栏以外的别人的土地。杰斐逊本人就是这种哲学的以身作则者。他饱尝了耕耘自己的花园所带来的真正的乐趣和幸福。在他生命中的84年中，他尽可能地待在这片养育了他又将埋葬他的土地上。他常常因一些重大的国家事务离开他深爱的蒙蒂塞洛，但是一有空闲，他就会匆忙返回这个弗吉尼亚荒远边区群山环抱之中的"小山冈"。

1743年4月13日（新历，旧历是4月2日）①，托马斯·杰斐逊生于沙

---

① 儒略历（Julian calendar）是格里高利历的前身，又称旧历，是在公元前46年1月1日起执行的一种历法。由于累积误差随着时间越来越大，1582年被教皇格里高利十三世改善，变为格里高利历，即沿用至今的公历。美国是在1752年所采用的新历。杰斐逊生于1743年，按当时所采行的儒略历，他出生的日期是4月2日；但若按1752年后改用的格里高利历，他的出生日期是4月13日。

德维尔村的一所普通房舍中，他出生时并未有神奇的彗星或其他不同寻常的迹象出现。这个名叫沙德维尔的小村庄位于阿尔伯马尔县。该县离新大陆的其他地方如此之远，以至于除了极少数弗吉尼亚人以外，无人知晓它的存在。

如果您想在地图上找到阿尔伯马尔县，首先要找一个名叫夏洛茨维尔的城镇，那是县府所在地。在那里，从詹姆士河分流出的里万纳河径直向西流去，你可以沿着里万纳河找到那个镇子。阿尔伯马尔县还有一个名叫沙德维尔的邮局，但是托马斯·杰斐逊降生的房子已经荡然无存，就像任何一座因为某个人在晚上睡觉前忘了吹灭蜡烛或是没有封灭炉火而失火的农舍一样，完全消失了。这种事情在美国的任何地方都有可能发生。

这场灾难发生于杰斐逊26岁那年。他的整个图书馆的藏书一夜之间化为了灰烬，只有一本法学书幸免于难。但是，他却以一个真正的哲学家的平静心态接受了一切。在这场大火中付之一炬的书籍总价值达1000多美元，但是他没有为此捶胸顿足。他在给朋友的一封信中写道："如果这些钱是献给了上帝，我不会有一声的叹息。"

杰斐逊出生的时候，他的父母已经有了2个女儿。此后，又有几个孩子降生到这个家庭，直到他们的父母骄傲地拥有了10个孩子，其中6个是女孩。4个男孩中的2个在很小的时候便夭折了。在那个年代，这样的死亡率在拓荒者们居住的地区是非常普遍的。因为边疆地区的环境对于妇女来说是艰难的，对孩子们来说更加艰难。只有少数身体强壮的孩子才能活下来。不过，一旦他们安全度过了生命中最危险的前十年（营养不足、缺少关爱、无知的医生和医疗的匮乏），就没有什么可以再阻止他们的成长，他们每个人都极有可能长寿。

托马斯·杰斐逊也是如此。他在84岁死去的时候，除了由于痛风，有几根手指会疼痛僵硬以外，精神依然矍铄，身体依然健康。在他出生的时候，大多数目睹法兰西伟大的国王、皇家盛世和专制暴政的光辉典范——路易十四的人仍然健在。然而，在他死去的时候，拿破仑——这位帝国荣耀和专制暴政的化身，早已被埋在圣赫勒拿岛上孤寂的坟墓中长达五年之久了。

在这个时代，美国第一条蒸汽机车铁路也正在修建之中。杰斐逊出生的时候，欧洲大多数国家仍在实行农奴制，千百万农民的境况并不比新英格兰的船长们从非洲运来，然后在南部港口出售的黑人的境况好。然而，在他去世的时候，旨在结束这种不人道的人口交易的运动方兴未艾。在他生命中最后10年内出身的一代人将永远铲除这一可怕的制度。

这样的对比我可以连续写好几页，但一两个就足够了。当托马斯·杰斐逊去威廉斯堡学习法律、为自己将来在地方政治的事业做准备时，居住在美国沿海地区的大多数居民做梦也没有想到十三个殖民地能够脱离母国的统治。但是当他去世的时候，一个独立、自由的国家的首都已经在弗吉尼亚的荒野边区上建立，虽然它曾经一度被外国侵略者摧毁，但这个首都已经成为了世界上其他国家开始关注（尽管很不情愿）的一个政治中心。当托马斯·杰斐逊去世的时候，乔治·华盛顿已经长眠27年了。在发表《独立宣言》的那些激动人心的日子里，与他真正合作的人中只有一个还健在，那就是美国第二任总统——马萨诸塞州昆西镇的约翰·亚当斯。但是，亚当斯也仅仅比他的老友及政敌杰斐逊多活了几个小时，然后也安然地辞别了人世。

巧合的是，杰斐逊去世的那天也是7月4日。对于托马斯·杰斐逊这样一位具有非凡协调能力和善于掌握时机的人来说，在这样一个重要的

这是一片富饶的土地。▲

时刻向世人鞠躬道别是多么有意义呀！

教堂里钟声齐鸣，举国欢庆，纪念一个全新的共和国的诞生。但是这一切对于这位生命垂危的老人来说已经不重要了。他早已不再关注他生命中的那一段经历了，尽管那段经历使他成为（可能并非他的本意）独立战争中的主要领导人。

终有一天，我们所有的人都会有面临这一问题的时刻，那就是"我们的生命有价值吗？"可以肯定地说，我想很少有人能像杰斐逊那样坦诚地回答"是的"。如果说他是比较幸运的，我们应该记住这绝不是机遇和巧合的缘故，而是由于他为完成其事业而辛苦努力的结果。在他很年轻的时候，杰斐逊就意识到，生活不是接受恩赐，绝不像小孩子轻易地接受从圣诞树上掉下来的礼物一样。生活需要我们加倍地珍惜，细心地呵护和永久地奉献。只有这样，当我们必须把它交还给上帝时，他才不会因我们对生活的态度而感到失望。因为，在这个问题上，上帝是一位严厉的法官，容不得半点漠然、懈怠和疏忽。

说到这里，既然我已经进行了一些比较严肃的哲学问题的探讨，我不妨告诉你们，在他一生中的大部分时间里，杰斐逊都遭到了其牧师邻居们的猛烈指责。相信政教合一的牧师们绝不会支持一个积极倡导政教分离的政治家。但是，政教分离却是托马斯·杰斐逊的政治纲领。他热爱真正意义的自由。由一个教派统治其他教派，告诉他们必须信仰什么、不信仰什么，这些做法让他深恶痛绝，就像在英国把权力集中在暴君之手一样让他无法接受。然而，这种统治却受到那些支持建立国教的人的热烈欢迎，他们憎恨杰斐逊的"极端思想"（他们是这样指责杰斐逊的），谴责、贬低这位居住在蒙蒂塞洛小屋里的人是一个不可知论者、无神论者和上帝的死敌。

通常，托马斯· 杰斐逊从不把周围人对他的谩骂和诽谤放在心上。在政府内任职大半生，他深知听信小人的谗言会对一个人造成多么大的伤害。他知道对所忌恨的人诽谤中伤、散布谣言是卑鄙小人的惯用伎俩。但是到最后，当牧师先生们对他的污蔑之词开始流传到他孩子们的耳朵里的时候，他再也无法忍受了。他决定明确阐述一下自己对基督教义、对教会在整个社会地位中的看法。他写了一本名为"耶稣的哲学"的书，这本书后来被冠以《杰斐逊圣经》之名出版。

11

　　我曾经拜读过这本书。如果您能找到一本，也请您读一下。然后，您就会跟我一样，无须害怕在1826年7月4日下午，杰斐逊听取他的最终审判时所发生的事情了。我想，这位疲惫的老绅士不需要像普通人一样在天堂等待很长时间接受审判。很可能圣彼得会亲自走下来欢迎这位尊贵的来访者。当然，我不可能知道他们会相互说些什么，但是，托马斯·杰斐逊，这个清楚地记得他童年在主日学校所学到的东西的人，可能会觉得在这个场合，他最好要带一些文件，以证实他在这个世界上没有浪费所有的时光。

　　然而，我看到圣彼得——这位守护天国之门的老圣人，很快把这些文件塞回到了杰斐逊那件破旧的棕色大衣口袋里（这件大衣伴随杰斐逊多年，直到他去世的那一天仍穿在身上）。我看到圣彼得挽着杰斐逊的手臂，告诉他："我亲爱的托马斯·杰斐逊，这种证据在凡世的法庭上可能管用，因为在那儿你需要对付那些拘泥于繁文缛节的法官们的复杂的司法头脑。但是在这儿不需要，我们能够直接读懂每个人的心灵。所以，扔掉这些废纸，烧掉它们或者统统忘掉。现在，就请您直接进来吧。这儿有人想见您，非常想见您，他对您如何描写生活丝毫不感兴趣，他只关心您生活的方式。"

02 小托马斯认识到了 个人的责任感

当杰斐逊一家穿越海洋（这在17世纪后半期是一个相当惊人的冒险行为），开始在新大陆生活时，他们并没有改变在旧大陆的生活方式。很快，他们就过上了中等阶层的生活，既没有暴富，也没有遭受像其他移民一样悲惨的命运。这些移民一旦脱离了原有道德规范的束缚，就变得懒散堕落、无所事事，结果挥霍掉了他们的财产，沦落为雇工阶层。为了日常的面包、威士忌和蜜糖，他们不得不受雇于其他人，出卖劳动力。

杰斐逊一家从来不支持任何宗教派别或涉足政治。不管是在新大陆还是旧大陆，他们更愿意不被打扰地经营自己的生意。像其他大多数殖民地的居民一样，他们忙于在这片处女地上谋生，因此，无暇顾及国王和大主教都干些什么，但其底

这是一个广袤的国家。

13

线是这些权贵们能够依据土地法进行统治，不会肆意践踏那些他们极为珍视的权利。因为，这些权利是自耕农用了几个世纪的时间辛苦争取到的。

这些移民并不反对被称为"殖民地居民"。只要国王陛下任命的新大陆总督们承认在大西洋西海岸拥有大片土地的特许公司赋予他们的权利，他们就心满意足了。他们对自己的生活状况很满意，不会再要求任何条件，提出任何问题。事实上，是无法忍受的傲慢、顽固、平庸和愚昧将这些温顺的殖民地居民逼到了毫无选择的地步，不得不公开反抗那个具有日耳曼思维方式的国王和其愚蠢的大臣们。

1743年托马斯·杰斐逊出生的时候，脱离母国而独立的思想仍然是一个幻想。这个想法太荒唐了，人们完全不敢想。

弗吉尼亚殖民地的建立时间比在哈得孙河入口建立的新尼德兰①殖民地早好几年，比第一批清教徒在新英格兰定居的时间早13年。在许多方面，弗吉尼亚都是北美洲最适宜人居住的地方，旧大陆的移民都希望在此安家。

有趣的是，殖民地的繁荣归功于一种野草。这种野草被称为"印第安圣草"，在16世纪后半期为人们所熟知。1558年，这种草被运到西班牙，并被作为在新大陆采集到的可能是"有用农产品"之一送往欧洲。

① 尼德兰，指莱茵河、马斯河、斯海尔德河下游及北海沿岸一带，相当于今天的荷兰、比利时、卢森堡和法国东北部的一部分。1516年，西班牙国王斐迪南死后，他的外孙查理一世即位。查理已经在1506年从他父亲（神圣罗马帝国皇帝之子）那里继承了尼德兰，这时又以西班牙国王的身份领有这片土地。从此尼德兰成为西班牙的属地，即16世纪初叶后，受西班牙哈布斯堡家族统治。1566年，北方各省掀起反西班牙封建统治的资产阶级革命，1579年，北方八个省和南方部分城市成立"乌特勒支同盟"。1581年，南方脱离同盟，北方各省成立"尼德兰联省共和国"，即为荷兰共和国。

据说它是在西班牙国王菲利普二世的命令下，在墨西哥采集的。当然，直到那时，西班牙人仍然把新大陆看成掠夺地。但是当黄金储备日渐枯竭时，国王的大臣们建议对新占领的土地进行科学勘探、调查和分析，以便找到适合在欧洲大陆种植的农作物新品种，这样既能够使欧洲的农民免遭饥荒，又可以增加皇室的税收。

唐·弗朗西斯科·埃尔南德斯是此次考察探险队的队长，他将这些神秘的"印第安圣草"送到塞维利亚，但他并不知道欧洲人会用它来干什么。墨西哥的印第安人过去常常把这些植物的叶子晒干，称之为"烟草"（一个印第安词汇，像土豆和西红柿一样很快被欧洲语言所采纳）。印第安人把这些烟草放到一个有着长柄的陶制碗状物里面，将其点燃，继而把释放的烟气吸入口中。据他们说，这种烟雾能使他们进入一种亢奋的状态。这种状态会让他们忘掉尘世的忧愁，进入幸福的天堂圣境。

欧洲的探险者们当然迫不及待地想尝试一下这种乐趣，希望暂时忘掉现世的痛苦，因为他们的生活很少是幸福的。但当他们吸入这些烟草点燃所产生的烟雾，所感受到的却是难以忍受的头晕和恶心。

法国驻葡萄牙的大使——让·尼克特先生听说了烟草具有治疗疼痛的奇特效果之后，偷偷地把一些种子带给了他的皇室情人凯瑟琳皇后[①]，皇后出生于意大利美第奇家族[②]，但生活并不幸福。当您读法国史的时候，

①凯瑟琳皇后（1519—1589），法国国王亨利二世的皇后，出生于意大利美第奇家族。
②美第奇家族是意大利佛罗伦萨著名家族。该家族是意大利文艺复兴的主要资助人，以银行业起家，逐渐获取政治地位，14世纪到17世纪的大部分时间里，他们是佛罗伦萨实际上的统治者。这个家族还诞生了三位教皇（利奥十世、克莱门特七世、利奥十一世）、两位法国王后（卡特琳娜·德·美第奇、玛丽·德·美第奇），也经历过三次政治放逐。

您就会发现、了解这一事实。但是，皇后本人不应该为这种席卷整个欧洲大陆的吸烟的坏习惯负责。"尼古丁"一词来自于皇后的这位葡萄牙大使的名字——尼克特。从此以后，尼古丁一词诞生，它就是隐藏于烟草叶子中的有毒的生物碱。

在最初使用烟草的尝试失败以后，欧洲人好像很快忘掉了这种"印第安圣草"，人们最多只能在药剂师的商店里面找到一些。而不久，一位博学的药剂师发现，如果将这些草药煮的时间足够长，就会产生一种糖浆状的物质，一旦把这种物质给病人吃的话，他要么立即死亡，要么就痊愈。如果痊愈，那说明患者身体素质太好了，除非用一个战斧砍他的脑袋，除此之外再没有任何东西可以置他于死地。

烟草这种植物在进入英国之前，几乎毫无用处。自我节制的英国人，比起西班牙人和法国人来，他们有很强壮的胃，能够吸食烟草，并且从中获得乐趣。弗吉尼亚的第一任总督——拉尔夫·莱恩是第一位用烟斗吸食烟草的英国人。他可以证实下面的故事。经他和弗朗西斯·德雷克[①]的介绍，沃尔特·罗利[②]开始抽烟。后来，沃尔特的烟瘾越来越大。据说在砍头前，他还请求吸一斗烟草。这个故事倒是为烟草的安神功效做了一个很好的广告。沃尔特先生在被砍头前一定很恼火，难道这就是多年来他忠心耿耿效忠伊丽莎白女王的奖赏吗？

烟草的故事还没有讲完。一旦北欧人用嘴巴和鼻孔尝过了这种烟草，便一发不可收拾。只有土耳其和俄国例外，在这两个国家里，如果

---

① 弗朗西斯·德雷克（1540—1596），英国著名航海家，他进行了继麦哲伦之后的第二次环球航行，是第一个自始至终指挥环球航行的船长。他为英国开辟了一条新航路，大大促进了英国航海业的发展，而且他还发现了宽阔的德雷克海峡，自此以后，太平洋再也不是西班牙的海了。
② 沃尔特·罗利（1554—1618），英国探险家、作家，伊丽莎白女王一世的宠臣。

烟草的多少象征着所
有者的财富和社会地位。◀

发现有人吸烟，将会被立即砍头。但在其他国家，人们吸烟的欲望却越
来越强烈。一旦人们发现弗吉尼亚的土地非常适合烟草生长时，新大陆
的这片土地很快成为了烟草贸易的中心。在新尼德兰，海狸毛皮是"贸
易单位"，其居民用海狸毛皮作为单位来进行彼此间和宗主国的贸易。
正如新尼德兰那样，在弗吉尼亚，成捆的烟草取代了日常的流通货币，
烟草的多少象征着其拥有者的财富和社会地位。

　　政府不仅对其官员和普通商人以烟草付酬，甚至奖赏大臣们的功绩
也是每年多少磅烟草。但奇怪的是，杰斐逊一家却没有种植烟草，而是
种植了小麦，这足以说明他们是多么的与众不同和具有独立意识。

　　同样，一旦来到美洲，就必须像美国人那样行事，也就是说他们必

须拥有奴隶。杰斐逊一家不喜欢这样，他们厌恶这项制度，但是他们又能做些什么呢？一些人必须在农场劳作，除了那些从海外运进来的有耐心且有力气的黑人之外，还能使用谁呢？这是一个很不幸的话题，我希望我可以避开它，但是却不能，因为最终是奴隶制导致了那场我们称之为内战的魔鬼般的大屠杀。在这场战争中，美国失去了一百多万有理想的年轻人。这里有一个至今困扰着很多人的问题。为什么托马斯·杰斐逊——这个向全世界宣告所有人生而自由，并平等地享有生命权、自由权和追求幸福的权利的人——在他生命中的大部分时间，却在他的种植园里一直使用着100多个奴隶呢？既然他由衷地相信所有人生而自由，并被赋予生命权和自由权，为什么他不给他的奴隶们自由呢？恐怕他本人也很难回答这样的问题。在他的内心深处，他也感到了像我们现在所感受到

奴隶制度——一个最令人尴尬的制度。

的，那就是世界上的一半人去奴役另一半人，并视他们如牲口一般，可以随意的鞭打或处死他们，这是绝对没有理由的。

但是，在杰斐逊活着的时候，没有人支持他的观点。世界上的大多数人认为奴隶的存在是正当的，正如现在我们对待钢铁奴隶一样。当然，我提到的钢铁奴隶是机器。一个半世纪以前，机器取代了人类奴隶，现在正承担着几乎所有旨在满足人类温饱和舒适的工作。

当你阅读古希腊或古罗马的哲学著作时，你会发现，即使在远古时代，就已经有很多有思想的人。他们对社会体制中的道德问题产生严重的质疑，他们谴责人类种族70%的人是奴隶。奴隶们没有任何思想上和行动上的个人自由；没有机会自己去抚养自己的家庭；没有权利呵护自己的孩子（他们的孩子在任何时间都可以被卖掉，就像现在我们卖掉狗窝里的小狗一样）；他们没有属于自己的家，也没有任何属于他们自己的东西。

但是，认识到这些的人又能为此做些什么呢？这是一个永久的问题，没有人能够回答。假如是你告诉百万名奴隶（他们大多数是罗马和北欧、西亚、北非的野蛮人战争中所俘获的战俘），假如你告诉他们，他们自由了，可以去想去的任何地方，将会发生什么事情呢？毫无疑问，这将是一个值得称赞的想法，但是完全不符合实际。因为这将意味着经济的彻底崩溃，国家社会结构的完全瓦解。每个人都将饿死，因为没有人从事劳动。城市居民可能会起来反抗，因为他们已经脱离农业劳动很长时间了，根本不会务农。仆人们将纷纷逃离，谁也不会再拥有厨师、侍者和园丁。因为所有的工匠、木匠、面包师、屠夫、水管工和蜡烛匠都是奴隶。

毕竟，人们不能期待一个社会阶层为了一个更理想的社会而集体

　　杰斐逊的黑奴，无论是干家务活还是在田里务农，都生活得非常愉快，而且黑人们把自己视为杰斐逊的儿女而不是仆人。他们在蒙蒂塞洛，沉浸在欢乐之中。

自杀。因此，尽管有很多开明的人士不赞同奴隶制度，但它仍然以某种形式而存在，一直延续到我们的祖父们那一代。即使到现在，在欧洲仍然希望复兴一种新的但是同奴隶制一样残忍的制度。当你听到，或许你已经听到有人抱怨托马斯·杰斐逊，指责他不能实践他自己"人人生而自由"的主张，谴责他拥有一百多个黑奴时，请记住，他也是迫不得已的。私下里，他尽自己最大的努力允许他的奴隶们获得更多的自由。但是，他被这一严重的事实所阻碍，那就是当时社会在很大程度上不允许奴隶自由。

于是，他只有先从自己家里做起。首先，他尽自己所能，使弗吉尼亚摆脱邪恶的奴隶制度。但当他意识到反对者的力量太强大，使他无法取得任何实质性的进展时，他退而求其次，那就是通过善待自己的奴隶来为他人树立榜样，并劝说他的邻居们也善待奴隶。我们知道（从很多杰斐逊的同时代人对他的评论当中），他的黑奴，无论是干家务活还是在田里务农，都生活得非常愉快，而且黑人们把自己视为杰斐逊的儿女而不是仆人。如果他们在某些技艺上表现出特别的才能，他们就会得到培训，成为泥瓦匠、木匠或者铁匠。因为蒙蒂塞洛远离城市，一切生活用品都要由当地人自己生产。托马斯·杰斐逊友善、幽默、快乐的"生活方式"在崇尚善良的群体中产生了奇迹。

事实上，在他生命中最后的艰难日子里，似乎是因为他对陌生人和朋友的慷慨和盛情以及对同胞的忠实和坦诚几乎使得他濒临破产，以至于不得不卖掉他的所有东西来抵销债务。看到他最爱的蒙蒂塞洛被拍卖给出价最高的投标人，杰斐逊并没有感到难过。他年事已高，对什么都已经不在乎了。但是，贫穷的奴隶们却很绝望，他们相互询问："他像父亲对待孩子那样对待我们，我们在哪里还能找到一个如此善良仁慈的主人呢！"

托马斯·杰斐逊是一个非常难以描写的人。即使在他晚年，他依旧像一匹小马驹那样难以理解。你永远无法让他停下来，站在那儿待上几分钟。生来就好奇多问的性格使他永远奔驰在新的跑道上。人类所经历的任何事情，他都认为是有必要进行研究的课题。如果他仅仅只是一个政治家（他从心底里不信任也不喜欢这一职业）、一个士兵（他在这方面颇有天赋）、一个种植园主、一个书写人类和自然等大多数主题的作家（作为《土壤改良片论》的作者和《杰斐逊圣经》的编纂者），那么我就可以很容易为他写传记，我也可以准确地告诉您，在他漫长且丰富的一生中，他都做了些什么。但是，他却总是同时在忙好几件事情。

在经营大片种植园时，他也在撰写政治小册子；在代表国家出使国外的同时，他还在搜集能在大洋彼岸自己的国家里种植的有价值的蔬菜和植物，而且还复制新机器的图纸，并向工程技术人员咨询住宅工程等问题；在尝试实现国家自治的同时，他也在为那些由公民自治的国家里的孩子们的教育设计蓝图；当他最终宣布退出公共事业的各项活动后，他不是安下心来享受政治家退休后的安宁生活，而是将大量的时间用于"理想社会"这一工程计划，在这个社会里，每个人都是主宰他自己命运的主人。

虽然他难以描写，我还是要多给大家讲讲他的生活，让您能够理解为什么我们都把他看作是美国历史上最伟大的人物。在这里，我会尽量以托马斯·杰斐逊一生当中一些真实的事情为主线。在描写这样一个多才多艺的人时，他本身就是"奇迹"一词的完美表现，根本不需要或尽量少进行艺术加工。

像其同时代的大多数自耕农一样，杰斐逊的父亲也有一个很伟大的抱负。他希望建立起自己的家园，让孩子们过上比他自己的童年更富裕更舒适的生活。因此，他辞别了那片已经被开垦殆尽的富饶的沿海低地

（离海最近的一带），来到了弗吉尼亚中部的高地定居。在那里，他有更好的机会建立一个属于自己的半独立的小王国。

1735年，老杰斐逊在里万那河沿岸用篱笆围住了一千多英亩的土地，打算在这片土地上种植小麦。因为沿岸的烟草种植者需要吃饭，而且他只有30个奴隶（您看，他可以说是白手起家），只能种植这么多亩的小麦和侍奉他的家庭了。

老杰斐逊不仅身材魁梧、仪表堂堂，而且很具个人魅力，可以称得上是一位真正的绅士。因为他与所有的邻居和睦相处，并且还和有名望的威廉·伦道夫上校交往甚密。伦道夫上校被公认为是18世纪中期殖民地社交和经济生活中的中心人物。实际上，两人的关系是如此的紧密，以至于当老杰斐逊需要一块地建立一个新家时，有钱的伦道夫上校仅以一钵亚力酒就给了他400英亩土地。当然，这只是一个玩笑，因为在18世纪的弗吉尼亚，亚力酒如同现在的牛奶一样普遍。

之后不久，通过迎娶伦道夫家族的女儿，老杰斐逊上校使自己进一步与弗吉尼亚强大的种植园主们紧密地联系在了一起。他的妻子叫简，出生于伦敦一个叫沙德维尔的教区。为了纪念他年轻的新娘，老杰斐逊把新建的庄园起名为"沙德维尔"。新房很简陋，只是一座用护壁板搭起的房屋，但这只是一个开端。彼得·杰斐逊下定决心一旦经济状况允许，他将会盖一座更大更坚实的房子。

在女儿出嫁六年后，伦道夫上校去世了。他委托彼得·杰斐逊作为其遗嘱执行者。为了能离伦道夫上校的产业近一些，老杰斐逊把家搬到了坐落在詹姆斯河河畔的茯苓庄园，那里离里士满市①只有几英里的路程。

---

① 里士满是现在弗吉尼亚州的首府。

后来，托马斯·杰斐逊常常谈起这次搬迁，这是他能回忆起来的童年最早的往事。那时他虽然只有3岁，但作为一个聪明的孩子，他永远不会忘记那次愉快的旅行。他记得在家奴的马背上放了一个垫子，他被用带子牢牢地绑在上面。

因此，是在茨苓而不是在沙德维尔，托马斯·杰斐逊度过了他人生当中最早的最可塑的岁月。这是一段平静幸福的日子。家庭教师教给他一个年轻富有的绅士所应具有的一切品质。一个半世纪以前，对于一个活泼好动的男孩子来说，没有比庄园更好的学校了，因为庄园本身就是一个浓缩了的世界。

通过他的母亲（不要忘记，她是伦道夫家族的成员），托马斯·杰斐逊进入了弗吉尼亚殖民地社交生活的"内部圈子"。就在他做好了一切准备，要开始一个合格的种植园主生涯时，1757年，彼得·杰斐逊上校突然生病去世。作为一个皇家测量员，他仅仅活了50岁（他出版了第一本弗吉尼亚殖民地地图集），他度过了边疆的艰苦生活，历经千辛万苦，而这些遭遇严重损害了他的健康。

除此之外，彼得·杰斐逊作为阿尔伯马尔县民兵的上校（印第安人经常来找麻烦，袭击移民的居住地）和治安法官，还是弗吉尼亚殖民者议会的议员，这些职务可能透支了他大量的体力。但是，像所有身强体壮的人一样（据说他能够同时将两个各重1000磅的装满的烟草大桶举起），他活在这种错觉下，以为自己并非凡胎肉骨，所以就不用普通人的健康标准来衡量自己。

当他发现他错了的时候，已经太晚了。邻居们满怀敬意地将他下葬，也想着是否有人能接替他的位置呢？因为，杰斐逊上校不仅仅是一个伟大的领袖，而且是一个真正的自由主义者。他那个社会阶层的人大多数都是完全的保守派，看在上帝的份上，他们不希望进行任何改革，而彼得·杰斐逊完全是个例外。尤其是他作为治安法官履行职责时，他总是对穷人和那些没有继承权的人表现出极大的同情，而不是偏袒富人和权贵，他的裁决总是偏向被压迫的一方。

彼得·杰斐逊的这种我们今天称为民主人生观的思想极大地影响了他的儿子，但这只是年轻的托马斯从他的父亲那里继承的一种品质。纵观他的一生，彼得·杰斐逊上校都在教育他的儿子们，自己能做的事情永远不要让别人代劳，这一教导便成了《独立宣言》的作者一生奉行的原则。即使到他80多岁高龄时，同其朋友和政敌约翰·亚当斯住在一起的时候，托马斯·杰斐逊仍然坚持每天早起，自己生火，如有可能，他亲自照顾自己的马。对于他来说，他的马是一位需要真诚对待的朋友。

托马斯·杰斐逊的父亲死于他14岁时，此后，他便成了一家之主。他要经营大片的地产，要保护母亲和兄弟姐妹的利益，要差使60多个奴隶。这种事情在1757年司空见惯，所以当杰斐逊把这些意外降临在他头上的事情处理得井井有条时，没有人对此表示惊讶。

杰斐逊很快受到了大家的欢迎。上层阶级的长者们欢迎他的加入，并把他看作是平等的一员。太太们则思忖着这个仪表堂堂、幽默风趣、家境富裕的男孩子没准儿哪天会成为自家的乘龙快婿。生活一如既往，只有简·杰斐逊感到了自己又当爹又当妈的压力。然而，让这位善良的妇女永远感到骄傲的是，她做得非常出色。

我们非常感激简·杰斐逊，作为一位尽职的母亲，在她丈夫死后20年里，培育和塑造了其长子的性格。正是从她那里，杰斐逊继承了很多优秀的品质——他的乐观向上和与各种人处事的能力。但是，也不要忘记这一事实，那就是，如果他和那些不被上帝垂青的平庸之辈都想发挥出自己的最大潜能的话，他们之间就会出现很大的差距。

在其他的孩子还在玩游戏的年龄时，
小托马斯已经开始经营自家的产业了。

当然，借此我并不是想说杰斐逊是一个势利的人，上帝决不允许这样说他。他是最真诚的人，任何形式的装腔作势都有违他的本性。他尊重每一个人，也理所当然地受到别人的尊重。他不是那种嘻嘻哈哈过于随便的人。除了几个挚友，谁也不会想到用"汤姆"来称呼托马斯·杰斐逊先生。用"嘿，汤姆"跟他打招呼，就像直接向第一任共和国总统阁下大声问候："你好吗，乔治？"这样说倒不是因为华盛顿、杰斐逊或者是亚当斯很看重所谓的"尊贵"。他们根本无须为此担心，因为他们已经称得上"尊贵"了。这种尊贵也隐蔽在年轻的杰斐逊性格中的每个角落。

在那个饮食习惯非常粗俗的年代（边疆厨房里的食物大多是油炸食物，醉酒是常见的事），托马斯·杰斐逊却以餐桌上菜肴的精美著称。他对当时狂饮威士忌、朗姆酒的风气深恶痛绝。他自己喜欢喝葡萄酒，并亲自酿酒，努力劝说邻居们改掉暴饮烈酒的不良嗜好，转而成为葡萄美酒的鉴赏家。他甚至派人从国外找来优良的葡萄品种，来提高他的葡萄酒品质。

至于所吃的食物，他的要求很简单，但是一定要精心准备。他讨厌与那些狼吞虎咽的人一起用餐，因为他们看上去像个饿坏了的熊。他从来不喜欢十几道菜的奢侈大餐（在一个半世纪以前，这是极为平常的事）。然而，蒙蒂塞洛厨房里的黑人厨师的一两道得意之作就能使他大快朵颐。

他对食物的精致要求引起了邻居们的注意。帕特里克·亨利[1]，这位

① 帕特里克·亨利出身贫穷，父亲是土地测量员和法庭主持人，但他后来却以自己的努力成为弗吉尼亚殖民地最成功的律师之一，后成为美国独立战争重要的领导人之一。他以机敏和演说技巧而著称，并因其"不自由，毋宁死"的那篇演说而名垂千古。

与杰斐逊的家庭背景大相径庭的人，在这个问题上大捞政治资本。他声称既然这位盛气凌人的蒙蒂塞洛乡绅在饮食习惯上更像是一个法国人，而不是美国人，因此他也一定缺乏美国人所具有的，比路易国王更优秀的美德。

这里还要说一下托马斯·杰斐逊与其他政治家——无论当时的还是现在的政治家——之间通常被忽略的一点差别。前面我已经提到他从母亲那里继承了对音乐的挚爱。希腊人把音乐视为教育的一个重要方面是相当明智的。他们并不希望每个人都成为音乐鉴赏家，但是对于他们来说，如果一个人不能加入一个唱诗班，或者不能演奏至少一种乐器的话，这个人就是一个"野蛮人"。在当时，要把一把大键琴运到茨荽还是蒙蒂塞洛几乎是不可能的（那儿还没有路，所有的东西都是靠骡子驮运）。因此，杰斐逊只能用一把小提琴自娱自乐。

他有好几把质量上佳的小提琴，直到有一次从马背上摔下来摔坏了一只胳膊，使得他不能再自如地拉动琴弓后，他才停止了拉琴。在他的一生中，经常派人去伦敦购买最新出版的乐谱，因为他非常喜欢简洁的英国音乐，而不是复杂的意大利和法国的音乐作品。

当我们将他的优秀品质归功于他母亲的教育时，我们也一定不能忽视他的父亲在他身上，特别是在智力和社交能力方面的影响，这一点我在前面已经稍微提到一些。年轻的托马斯从他父亲那里继承了6英尺2英寸（1.88米）的魁梧身材，不同的是父亲在晚年发福，而儿子却一直保持着母亲那样的纤细身材。他还从他父亲那里学会了注重细节，养成了井井有条的生活习惯，懂得保持收支平衡，遵守做事庄重得体、有条不紊的准则。

杰斐逊当上总统以后，一些人担心他对平民的关爱可能会导致自己丧失已继承的财富，因此他成为了一些人发泄和嘲讽的对象。他们污蔑杰斐逊是一个邋遢的小丑，根本不懂得穿衣之道，说他穿着肮脏的旧睡衣接待外国使节，说他是富庶强大的美利坚合众国总统府高雅传统的耻辱。但是，就像那些在亚伯拉罕·林肯被暗杀前，一直称他为危险煽动者和"没教养的乡巴佬"的人们一样，这些指责完全是无稽之谈。

毫无疑问，当杰斐逊总统必须到国会大厦宣誓就职的时候，他拒绝乘马车前往，而坚持步行。他这样如此明显漠视当时"规矩"的行动，一是希望简化铺张浪费的排场；二是因为当时首都的公路状况较差（直到内战时期，宾夕法尼亚大道上都还是晴天尘土飞扬，雨天泥泞不堪）。所有访问过华盛顿或者是蒙蒂塞洛的贵宾，无一不对这位美国第一公民在接待他们时的完美礼节赞叹不已。他们无一例外都品尝过主人的佳肴和美酒，是托马斯·杰斐逊总统官邸魅力的见证人。

是的，托马斯·杰斐逊，由于其父母非同一般，使得他人生开始的时候就有着非同寻常的优势。但是，他仍然很努力，尽可能地去发挥自己的聪明才智。除去我们上面所谈及的这些优秀品德外，他还有着很强的责任感。他要实现他父亲的理想，要为家族争得荣誉，要对得起他深爱的弗吉尼亚的优良传统。

总而言之，所有人都已看到，这位14岁的男孩儿绝不仅仅只是要实现他许诺给父亲的愿望。

03 托马斯·杰斐逊涉足当地政坛

　　美国上层社会没有如英国一样的习俗，即实行长子继承制，为了保持财产的完整而把所有财产留给长子。由于彼得·杰斐逊是一个具有民主思想的人，他把一处叫斯诺顿的小块地产，留给了小儿子伦道夫，把包括沙德维尔在内的大批财产（此时已经建成了舒适的住宅）留给了大儿子托马斯。女孩儿们都在家里待嫁，哥哥托马斯不仅要祝她们幸福，而且还要为她们准备一份体面的嫁妆。

　　至于他们的寡母，简·杰斐逊宁愿留在沙德维尔继续料理家务，因为其他孩子年龄还比较小（伦道夫还是一个婴儿），还需要家庭和母亲的照顾。

　　老杰斐逊上校并没有机会获得足够的教育。尽管新大陆的移民在法律上仍然被视为英国的殖民地居民，但是他们的人生观已经完全地美国化了。他们坚持认为其后代应该享有比他们更好的教育机会。因此，当年轻的托马斯还是一个小男孩儿的时候，就被送到了一个苏格兰教士的家里，在那里接受拉丁语训练。父亲去世后，他的监护人将其送到了一个寄宿学校，由一位英国教会的牧师教他知识，在这里，除了学习拉丁语，他还学习希腊语。

　　小托马斯如鱼得水地学习这些知识。老年后，他坦陈，如果让他在父亲的地产和学习古典语言两者之间进行选择的话，他会乐意选择后者。如果他还是个小男孩儿，当他说这些的时候，我们就知道怎么理解这句话。小托马斯是在试图讨好他的古典老师的欢心，还有什么能比告诉老师他非常喜欢学这门学科更能使老师高兴的呢？但是正如我所说，他是在晚年讲这番话的，那时他已经不在乎老师怎么看待他了。

因此，那一定是他的肺腑之言。如果我们了解200年前当一个古典学者意味着什么，我们也就能理解他的这种想法了。因为那意味着他将是某个国际知名学者联合会的一员。那时，所有接受过古典教育的人都被一种共性的东西联系在了一起，这就是让世人在他们身上感受到的知识的整体性。但遗憾的是，现在这种知识的整体性已经消失得无影无踪了。

当然，现在几乎所有的14岁男孩儿（除非他对学习完全不感兴趣）都会有很强的成为著名学者的愿望，希望学习所有的语言（他不知道有多少种语言），了解所有的科学门类。这样他可能成为一名化学家、工程师，可以被认可，成为那个时代公认的天才。通常，这种雄心大志（对我们的老师和学生来说都是非常幸运的）往往持续不了几个星期，最多也就是几个月。然而，年轻的托马斯·杰斐逊的志向却一直持续到他生命的结束。一旦发现那个小的私立学校不能再教他什么东西了，杰斐逊立即去了威廉斯堡的威廉-玛丽学院。在那里，他得到了殖民地所能提供的最完整的教育。

威廉-玛丽学院建于1693年，比哈佛大学晚了57年，这使得它成为北美大陆北方第二所历史最悠久的大学。但是，在南方，它却被看作是"后起之辈"。因为中部和南部早在16世纪前半期就建立了许多学院和大学。以我们今天的观点来看，那时的威廉-玛丽学院仍然是一个比较原始的学校，但是它确实是殖民地能够为那些移民的孩子们提供学习机会的最好的大学。托马斯·杰斐逊认为自己非常幸运，能够在家门口进入这么好的学校学习。毕业时，他已经熟练掌握了拉丁语、希腊语、法语、西班牙语和意大利语，甚至还学会了一些基础的科学知识（天知道他是怎么学到这么多的）。

　　除了在语言学方面下功夫以外，他还很勤奋地学习数学和其他有用的科学知识。这些知识在他父亲死去15年后，他管理自己的地产时非常有用。

当我运用"良好的知识"这一词语时，意思是他能够熟练运用这些语言，轻松地运用它们进行交流。许多年后，他代表国家出使欧洲时，能够在不用翻译人员的情况下，就可以斡旋于外国政客们之间。

除了在语言学方面下功夫以外，他还很勤奋地学习数学和其他有用的科学知识。这些知识在他父亲死去15年后，他管理自己的地产时非常有用。15年内，他将家族的田产从1900英亩扩展到了5000英亩，这其中还不包括把他岳父死后留给他的产业翻了一番。但是，那片地产被大量地用作抵押，以至于带给他的麻烦远远多于喜悦。与此同时，经营这一块远离文明中心的"小王国"，也需要很多实用的管理技巧。然而，杰斐逊具有出色的数学天赋。在大学时代，他已经掌握了很多关于会计和记账等最新的经营技巧。

关于其他的，在我们的时代看得如此重要的"文化素养方面"的知识，他又是怎样学习的呢？杰斐逊不是一个书呆子，也不是一个苦行僧，他认真地参加所有被邀请的聚会。不仅如此，他还表现得体、乐于助人。如果大家想跳舞，他就弹钢琴伴奏。另外，像所有的小伙子一样，他也会时而爱上这个姑娘，时而追求那个姑娘。但是，他总是小心地避免这些陷阱（那时比现在更普遍），那会使他在牌局上一夜之间输掉所有钱财，或者陷入酒后争吵，最后以那个时代最荒唐的决斗方式解决争端。

但是，他确实是积极地参加各项体育运动。他非常喜欢骑马，这项爱好一直持续到晚年。但是，他从来不在赛马比赛上冒险输掉一分钱，因为他知道赌马会让人倾家荡产。同样，虽然他参加各项体育活动，但他从不赌博。他是尊贵的弗吉尼亚的代理总督弗朗西斯·法奎艾家受欢迎的常客。但是当总督大人洗牌、掷骰子时，杰斐逊只是站在一旁观看，或是在总督府中找一些自己喜欢的娱乐活动。

对于一个年轻人来说，当被长者邀请玩一局时，他很难说出"不，谢谢，我不想玩"这样的话。这不是一件容易的事，需要机智和语言的技巧才能既拒绝邀请，又不伤害他人的感情。杰斐逊在他十几岁时就可以做到这一点，说明了他在社交活动中有很高的修养和才能。

爱国者在僻静的地方悄悄聚会。

这里还有一件他没有涉足的事情，为此他颇受关注。因为当时整个社会都处在烟草的烟雾之中，而托马斯·杰斐逊从来没有用过鼻烟，也从不吸烟。我想我知道这其中的原因。正如我前面已经指出的，他对饮食比较讲究，在很小的时候，他就知道吸烟会使一个人的味觉变迟钝，影响人们享受餐桌上的美味佳肴。因此，他做了选择，虽然不去评述吸烟的好坏，但是为了尽享美酒佳肴，他拒绝抽烟。

大学忙碌的生活就这样结束了，托马斯·杰斐逊面临着职业的选择。对于一个像他这样才华横溢的年轻人来说，经营一个种植园是不足以发挥他的才能的。他不喜欢演讲，但是因为法律可以为他进一步的发展提供更好的机会，他决定成为一名律师（但是尽可能的不涉及演讲）。1763年，在他21岁那年，他进入了威廉斯堡的乔治·卫司律师事务所。在这里，他抄写信件、草拟遗嘱、产权转让书，几乎做了各种各样的杂活儿。他所干的这些工作绝不少于现在法学院四年的学业。经过勤奋和努力，他学到了足够的知识，能够自己独立办案后，他向弗吉尼亚律师协会申请并获得了律师执照。此后，开始了长达7年的律师生涯。

7年之后，他对自己说："已经足够了！"他辞去了法院的工作，从他根本不感兴趣的琐碎愚蠢的法庭辩护中解脱了出来。从这一快乐的时刻起，他再没有从事过靠替他人解决争端来填满自己腰包的工作。

当时，杰斐逊仍然是一个非常年轻的人。父亲留下的种植园在他的照管之下极其繁荣，他从事律师的经验使种植园的收入翻了一番。因为他是一个极其聪明的人，有必要的话，他可以解剖任何细节。但是，为什么他要做一个他自己不喜欢的职业呢？他英俊、和蔼、富有、出身高贵、前途似锦。但是在每个人的一生当中，都存在一些他们自己都不知道要发生什么的转折点，所以他们很少或者不能控制，只能告诉自己那是命运的安排。我想这可能是对这一问题的最好的解释了。

在那些日子里，一个绅士还可以拉小提琴自娱自乐。

　　命运给了托马斯·杰斐逊理想中的妻子。她名叫玛莎·威丽斯·斯科尔顿，比托马斯小6岁，那些了解她的人都说她是一个漂亮迷人的姑娘。但是，命运又如此安排，在他们情投意合地生活了10年之后，托马斯就失去了他深爱的玛莎。也是命运使得这对夫妻生出的6个孩子中，只有2个女孩活了下来。命运虽然在其他方面深爱这个年轻人，但是在这一方面对他却极度残忍。他是如此的深爱玛莎，以至于在她死后，他不能劝说自己再婚。尽管在他后来的生涯当中，杰斐逊在新、旧大陆遇到了很多迷人的女士，但是除了很有礼貌地给她们送一张客气的便条或者一束鲜花以外，他再也没有对她们产生过兴趣。对他来说，那部分生活已经结束了，已经永远地结束了。他把大部分时间用在两个女儿的教育上，但他自己的幸福生活几乎刚开始就已经结束了。

在他从丧妻之痛中恢复过来之后，杰斐逊意识到他不得不找其他一些事情来弥补自己的感情缺失和空虚。这就是为什么他涉入了地方政治的原因。无论如何，他根本不是我们所说的"天生的政治家"。他是一个很讲原则的人，不喜欢玩政治游戏。但是，如果不想让这个世界完全停滞不前，人们就应该做点什么。政治，正面地理解这个词就是"做些事情"，所以，杰斐逊同意担任他所在郡的治安法官一职，后来，他又当选为弗吉尼亚殖民地下院的一名议员。

这些职务并没有占用他很多时间，也没有让他远离家园。他仍然参与他私人领地的事务，也能够监督女儿们的教育。在晚上，如果没有账目要记，他便拉一会儿小提琴或者阅读一些拉丁文著作，或者给世界各地的名人写信。总之，这是他自己选择的快乐的生活，别的任何事情都不能让他放弃这种生活。但是，新大陆所有人的生活都被那场巨大的社会动乱打破了，这就是我们今天所说的"美国独立战争"。

04 托马斯·杰斐逊跻身于不朽历史人物之列

美国独立战争已经过去好多年了。自那以后发生了很多事情，特别是过去的50年发生的很多事情使得那段光荣的历史已经缩小为一段很小的历史插曲。华盛顿将军那一代人所称的"战役"，现在我们看来只不过是一场小冲突。如果我们把这一冲突和发生在全世界的上百万士兵的短兵相接相比的话，美国独立战争确实微不足道。

我们这代人已经习惯了世界各地涌现的、无穷无尽的、

战争。

复杂的"事业"，以至于对那次战争，我们都不理解：为什么战争的双方说着同样的语言，遵守着同样的法律，分享着共同的传统，但却互相谩骂，激怒对方（虽然有一点粗俗，但这样的词语更形象）。最终，双方只能用来复枪射杀彼此，用刀剑和甘草叉刺杀彼此，来寻求一种解决方法。

究竟是什么导致了这场家庭内部的冲突呢？

我们知道，这场冲突（不同于一般的战争）不是因领土纠纷、金矿或油井的争夺，也不是为了种族霸权。战争的原因是如此的复杂，以至于当时很少有人意识到。即使到今天，也还有很多历史学家想不明白那场战争（旧大陆的英国人和新大陆的英国人相斗争，仅仅因为新大陆的英国人已经不再是英国人了，而成了美国人）的真正原因。

那些居住在城市或者沿海地区的人，由于经常和母国不断联系，不管是在口味、生活方式还是习惯方面，都很容易保留英国的传统作风。他们内心里甘愿尊称英国官员为"老爷"，就像他们还在祖国一样。但是，一个长在新大陆荒远边区的，精力充沛、有独立精神的年轻人，像杰斐逊一家一样（无论是父亲还是儿子），从来都是自力更生、自食其力。这样一个自豪和独立的年轻拓荒者是不会遵从一个妄自尊大的无能之辈的命令的。因为这些无能之辈被派往殖民地，仅仅因为他们的母亲恰恰是某个公爵的侄女，或者是其他别人未听说过的一个大主教的妹妹。如果一个年轻的美国人在当地民兵中担任主要职位，他是不会对皇家军队俯首帖耳的。而且，皇家军队的上尉会像对待劣等人一样对待久经沙场的殖民地上校（哪怕他是乔治·华盛顿），他永远也不可能被晋升为高级军官。

对于那些用于解释英国与殖民地之间最终爆发战争的种种积怨，我们大家都再熟悉不过了。但是并不是所有的"不公平"，无论这些是怎样被我们本土的政治家和演说家渲染出来的——都不足以成为殖民地与英国最终决裂的主要原因。殖民地人民在英国议会中没有席位是事实，但是，大多数英国人在议会中也没有享有直接的代表权，所以这就很难说是导致战争的主要原因。

再来考虑一下英国对殖民地的征税问题，其中包括臭名昭著的茶叶税。这一税收与我们今天所交给政府的消费税相比，是微不足道的。我们现在知道母国的税收，是在殖民地人民的容忍范围之内的。这些税收被母国用来维持殖民地的安全，防止法国的入侵和维持北部边防的安全，使法国国王的军队和他们的印第安人联盟不能进一步扩张。

或者，另外一个经常提到的因素，英国不允许殖民地和除它之外的其他国家进行贸易往来。但是，其他的宗主国也坚持垄断，法国和西班牙的法律在这方面毫无疑问比英国的要严厉得多。再进一步讲，在大西洋沿岸的殖民地，这些贸易条例名存实亡，几乎每天都有人违反规定。

如今，对于那些晦涩难懂的问题，我们多冠之以"心理问题"，以说明他们同人类的心理或精神有关，但这似乎过于把复杂的问题简单化了。在这个问题上，"精神"方面的差异，在英国生活的英国人和在海外殖民地生活的英国人在人生观上的差异，与经济和社会问题无关，主要是脱离英国的问题。经历了一个半世纪的不同生活，英国人和美国人开始从不同的角度来看待多数问题。一旦这一点成熟，不论付出多少努力想要达成共识，无论怎样试图用协商和辩论来弥补差异，都将无济于事，两国开战已成定局。

当然，在第一枪打响之前，他们会花很多年为自己谋求舆论优势，展示他们在这场斗争中的正义，向世界说明，只有他们才是正义的一

英国不允许殖民地和除它之外的其他国家进行贸易往
来，船只在驶离自己的港口不远处就遭到阻截和搜查。

方，并尽力为自己的正义事业炮制一些简单、明显、充分、令人深信不疑的理由。也就是在这段时间，当英国和殖民地都使用宣传材料和媒体刊物彼此攻击的时候，人们发现了托马斯·杰斐逊出众的文笔天赋，他可以为宣传殖民地的主张大做贡献。

1769年，托马斯·杰斐逊被选为弗吉尼亚下院议员，出席了之后下院的历届会议。直到1775年，他作为代表，参加了同年9月在费城召开的大陆会议。

托马斯·杰斐逊在演讲方面资质平平。但是，殖民地已经有很多滔滔不绝、夸夸其谈的人物了。杰斐逊虽无伶牙俐齿，但却善于遣词造句，鹅毛笔下的文字显露出了他的真才实学。

英国与殖民地之间的矛盾给了杰斐逊一个充分发挥其写作才能的机会。此刻，当需要有人把殖民地人民的各种积怨进行总结，白纸黑字地写成决议，送到伦敦的时候，就是这位来自阿尔伯马尔县的代表（尽管当时他正在休假）成了这项任务当之无愧的人选。

就这样，托马斯·杰斐逊开始了他作为美国人民利益的宣传鼓动者，而且是最强有力的宣传鼓动者的生涯。

1775年，杰斐逊首先发表了一份名为"英属北美权利概要"的小册子。但这本书没产生什么影响，不仅如此，通过返英的船只运到英国的大批印刷品也没有产生什么效果。终于有一天，殖民地人民意识到有必要采取一些决定性的行动。作为一个遵纪守法的民族，他们认为有责任不仅要把反抗祖国的原因通知英国人，而且还要告知全世界。为了这一目的，没有比这位来自弗吉尼亚的出色的代表更能胜任这项工作的了。此时，杰斐逊已抵达费城。在这儿，他将与来自13个殖民地的代表们一起，共商国是，讨论采取行动的最佳步骤。

北卡罗来纳是第一个大胆地将积怨总结成文的殖民地。早在1776年4月，它已经授权给其将赴大陆会议的代表，并提醒其他殖民地的代表采取一系列必要的、激烈的行动。但是只有在其他殖民地也采取同样的步骤时，北卡罗来纳人民才愿意进一步行动。我们不能为此谴责他们，因为一旦计划失败，将意味着会把他们的领导人送到英国刽子手的手中。

弗吉尼亚很荣幸成为第一个提到"独立"这一"不吉利"词汇的殖民地。1776年6月7日，弗吉尼亚的理查德·亨利·李执行了一个月前得到的指示，在大陆会议上提交了一份决议，上面写着"这些联合起来的殖民地有成为自由和独立的国家的权利"。

这项大胆的建议，不论是对英国人还是其他地方的人，都引起了很大的震惊。因为当时的政治理论认为，国王和臣子之间是一种神圣不可改变的关系，反对统治者同反对万能的上帝的意志一样邪恶。

但早在1649年，英国人就采取激烈的方式起来反抗他们的统治者，最后甚至砍掉了国王的脑袋[①]，这是事实。还有一件事在新大陆鲜为人知（托马斯·杰斐逊当然应该知道此事）。在两个世纪以前，1581年7月，新尼德兰的居民也做过同样类似的事。在1776年的美国，人民也被迫采取了如此令人钦佩的行动。美国人民认识到他们必须打破统治者及其臣民之间的神圣契约，向世人公开发表宣言，阐述他们的行为不仅符合人类的法则，而且遵从上帝的旨意。他们在宣言中写下了："因为所有的政府都是按照上帝的旨意所建立的，它就如同牧羊人和羊群的关系一样。一旦牧羊人停止保护羊群，而成为羊群的镇压者，温驯的羊群又无法

[①] 指英国内战期间，国王查理一世被公开处死。

说服牧羊人改邪归正、善待羊群时，羊群就有权摆脱牧羊人的统治。"

我们很难体会那个时代那些人的真实感受。我们选举我们的领导人，但是我们很少了解他们。对我们来说，他们大多数只是在海报上能读到的名字而已。我们对一些人怀有敬意，而对另一些人则毫无敬仰之情。但是无论对他们有好感、没有好感，还是漠不关心，我们都只能把他们看成是与我们一样的普通公民，没有人会想到上帝与比尔·琼斯是否当选为国会议员有什么关系。

我们对那些服务于我们的政府官员们的态度就像对那些杂货店主、送奶人的态度一样，只是后两种人对我们来说是具体服务的人而已。我们友好地对待他们，不仅仅因为他们给我们提供最好的服务，还因为我

使自由的国家诞生的文件就是在这个餐桌上的讨论中产生的。

们真心地喜欢他们，不喜欢找别人替代他们从而伤害其感情。但是，出于某种原因，当我们不再满意他们的服务了，那么我们将会没有任何良心上的不安，换人，或者会毫不犹豫地去其他商店购买东西。我们倾向于以同样的态度对待那些统治者——那些我们自己选出来统治我们的人。只要他们给我们提供满意的服务，他们当然可以继续任职；一旦他们不能让我们满意了，那就"把他们驱逐出去"，我们会再找其他人取代他们。

但是托马斯·杰斐逊的同时代人不这么想，那些在他之前公然蔑视专制制度的人们也不这么想。在那种要对统治者忠诚和顺从的古老观念的灌输下，他们在考虑采取进一步行动之前，首先要说服自己其做法是正确的，是别无选择的。

我在前面已经提到，杰斐逊的荷兰前任者们遵从的这条防线是基于以下观点：国王统治他的臣民正如牧羊人管理羊群一样，需要守卫他们、保护他们，以免他们受伤害。如果国王没有做这些，而是残酷地对待他的臣民——他的羊群，蔑视他们、无视他们的感情，那么羊群就有权利进一步寻找其他的牧羊人。

在美国《独立宣言》中，论据与上述极其相似。为了获得全世界的广泛支持，有必要声明，弗吉尼亚、马萨诸塞、纽约和其他的殖民地可怜的羊群，除了这最后的一步，再也无路可走了。但是，究竟如何去做呢，如何以一种其他人不会提出任何异议的方式去实施，这又是一个问题，一件与会人员都不能预测的事情。因此，大会采取了当人们拿不定主意时经常采取的做法——指定一个委员会。

这个委员会包括大会的"智慧老人"——德高望重的本杰明·富兰克林；新英格兰的代表，美国第二任总统——约翰·亚当斯；弗吉尼亚的托马斯·杰斐逊；来自康涅狄格、后来成为耶鲁大学司库的罗杰·谢尔曼①；托马斯·利文斯顿，他因资助著名画家罗伯特·富尔顿②在哈得孙河上进行汽船航行实验而著名。

一旦委员会建立起来，如果其成员只是把它当作一个辩论俱乐部，那就不可能完成任何实质性的事情。如果让年长者草拟一个蓝图或工作计划，然后让其他成员讨论提出同意或者不同意的意见，直到使所有人都满意为止，这样才能取得最理想的效果。

在环境异常艰难的四年里，他们矢志不渝。

与会的大多数代表们认为，理查德·亨利·李的决议"这些联合的殖民地有成为自由和独立的国家的权利"可以作为进一步决策和行动的契机。但是，更多保守的成员却还在犹豫不决。

---

① 罗杰•谢尔曼（1721—1793），美国大陆会议代表，《独立宣言》签署者，在美国制宪会议上提出双重代表制两院议会的"康涅狄格妥协案"，奠定了联邦政体基础。
② 罗伯特•富尔顿（1765—1815），美国工程师、发明家和画家，1807年制造了著名的"克莱蒙脱"号汽船，在哈得孙河上航行成功。

　　请记住这一事实，大多数委员会成员属于这样一个社会阶级：只要公开对抗英国国王陛下的统治，他们就会有生命危险。如果失败的话，他们将非常不幸。因为他们不像佛蒙特州或者是弗吉尼亚州的农民，能够不用冒着自己的生命危险而高呼独立。假如战争正式爆发，假如国王派来的德国雇佣军再次征服了殖民地，那些反叛农民的结果会怎样呢？他们的房屋和谷仓将会被烧掉，他们的牲畜会被杀戮（正如英国人入侵弗吉尼亚时，杰斐逊的牲畜被杀害一样）。但是，他们自己可以躲在丛林里。在那里，他们可以用自己的斧头，重建新的家园；他们的妻子可以为孩子们缝制新衣；祖母们可以用油脂桶制作新的蜡烛。第二年春天，他们就可以重新开垦一小块土地，种植玉米和卷心菜。不久，他们就可以过上像以前一样的日子了。他们一直生活在贫困的边缘，只能靠自给自足维持生活。不管到哪儿，这种自给自足的品质都与他们同在。

　　但是，纽约、费城、波士顿和查尔斯顿富有的商人、造船主、放债者（他们通常自称为银行家）和房地产商人的命运又将如何呢？对于他们来说，如果宣布自己支持殖民地完全独立，一旦国王战胜，那就意味着他们将失去所拥有的一切。他们将会完全失去自己及父辈们一个半世纪以来辛勤工作积累的全部财产。他们的房屋会被皇室军官所占领；他们的银器（他们深爱银器，把它作为自己社会地位的象征）将会被没收、装箱运回英国，为征服者的餐桌增光添彩；他们的马匹将会从舒适的马厩里牵出，来托运国王军队的火炮，来追逐反叛者；他们的妻女（习惯于从伦敦或巴黎定做礼服）可能会变为家庭女仆被强行出租。

　　前途是相当渺茫的，人们不能不谨慎斟酌他们眼前的这一重要决定。和英国国王公开挑战对于像帕特里克·亨利和托马斯·杰斐逊这样的两类人来说是非常不一样的。杰斐逊是一个有着上千亩土地和漂亮住

杰斐逊要远涉重洋解救他建立起来的国家。

托马斯·杰斐逊曾在
这里的客房用餐。
◄

宅的富裕种植园主，有精美的家具、迷人的客人、丰盛的食物和可口的
酒水，而帕特里克·亨利却债台高筑。同样，和英国国王公开挑战对于
马萨诸塞布伦特里的爱国者约翰·亚当斯是一个样子，而对于伊桑·艾
伦①，这位来自佛蒙特州的格林山兄弟会的领袖又是另一个样子。亚当斯
后来搬到了波士顿，因为那里为他施展法律和政治才能提供了更宽阔的
天地。而艾伦的情况却很糟糕，他的富有体现在语言才能上，而不是在

---

① 伊桑•艾伦（1738—1789），美国独立战争时格林山兄弟会首领，曾率佛蒙特武装会众
攻克英泽泰孔德罗加要塞。1777年建立了佛蒙特州。在此期间起草和签订了佛蒙特宪法，
这是北美洲的第一部宪法。1791年佛蒙特加入美国，成为美国第十四个州。

物质财富方面。

今天，我们不经任何仪式就可以废黜国王、皇帝、总统及各种各样的当权者。我们或许会感觉到，独立战争时期，我们的祖先们应该更积极努力，尽快获得独立。我们认识到，在他们最终宣布要永远摆脱国王的统治之前，他们中大多数人还在犹豫着、争论着、辩论着，每次都长达好几个月，通过了和推翻了不计其数的决议。但是让我们公正地看待他们吧。如果没有一个强大的独裁者把我们变成他们那样的臣民，我们也将永远无法做出他们曾经做出的决定。他们在那时做出了一些我们自己都永远不可能做出的决定。

1776年6月中旬，当托马斯·杰斐逊和委员会的其他成员们决定坐下来、充分详细地考虑理查德·亨利·李关于"完全独立"的简短决议时，他们以及那些授权给他们的人是在进行一项需要极大勇气的工作。是他们的信仰和良知引导他们走到了这一步，对于他们来说，如果不能成功，将意味着所有人的死亡和毁灭。

五人委员会聚集在一起，决定由托马斯·杰斐逊这个能够表达他们思想的最聪明的人来起草一部文件，不仅要通知英国国王和他的大臣，还要告知全世界，殖民地人民将要采取行动，而且还要阐述一下迫使他们采取具有如此深远意义的行动的原因。

顺便介绍一下，托马斯·杰斐逊到费城后，住在一个名为格拉夫或格莱夫的德国砖瓦匠的家里。他租下了整个两层楼，但是那个房子非常小，他能使用的仅仅包括一间起居室和一间卧室。如果您对此比较感兴趣，我可以告诉您，这座房子坐落在第七和第八大街之间的市场街的南侧（根据杰斐逊以后所回忆的，但是他经常有意地忘记类似的细节）。杰斐逊在一个小书桌上写下了《独立宣言》最初的很多草图。据他所说，这个小书桌是按照他所要求的规格，由费城的一个家具制造商本杰明·兰德尔制作而成的。

是否《独立宣言》中那流芳百世的前言犹如摩西用权杖击打岩石后涌出的泉水一样，一下子从托马斯·杰斐逊的笔端跃然纸上呢？当然不是。托马斯·杰斐逊至死都坚持认为，他的《独立宣言》没有什么神奇之处。相反，那只是对很多思想和观点所作的精心编辑和整理而已。它所包含的那些想法和观点已经由来自于数百位支持或反对独立主张的小册子的作者描述了出来。

不然，又是什么呢？近几十年来，英国和殖民地出版商大量出版讨

1776年7月4日，思想的诞生。

51

论"局势"的小册子。的确，整个国家都疯狂地写作。在这种情况下，不借用一些别人已经使用过的词句简直是不可能的。

杰斐逊的政敌，马萨诸塞的约翰·亚当斯，一位有能力且爱国的公民，但却缺乏其弗吉尼亚同事那样的魅力和宽广的心胸。他指责不朽的《独立宣言》其实是一堆废纸；它包含的所有观点都是演说家们重复了多年的东西；整篇文章几乎照抄詹姆斯·奥蒂斯[①]的一篇文章（顺便说一下，托马斯·杰斐逊从来没读过这篇文章）；而且英国17世纪著名的哲学家约翰·洛克早已经探讨过了关于统治者对其臣民的职责中的大多数政府理论，如此等等，还有很多类似的指责。

但是这又证明什么了呢？什么也证明不了。假如约翰·亚当斯想要再往前追溯几千年，来证明托马斯·杰斐逊并不是那些包含在《独立宣言》中的思想的原创者，那他大可不必麻烦，只需念几段"山上宝训"[②]即可。耶稣也说过同样的关于人类兄弟般的友情和上帝创造的所有生灵共同生活、分享劳动果实的话，但这些话现在第一次出现在一份有实际作用的国家文件中，而不是在宗教的布道词之中。

我想，这就是为什么托马斯·杰斐逊的一些同胞为国家的独立事业做斗争的事情已经被全世界的人民所遗忘，而他自己的名字却永垂不朽的原因吧！因为，杰斐逊不仅仅是一位只属于一个国家和某个政党的政治家，他的《独立宣言》已经使他成为全人类救世主的代言人

---

① 詹姆斯•奥蒂斯（1725—1783），美国政治活动家、律师，因反对英国为严厉实施贸易、航海法强制颁发"协助搜查令"而闻名。
② "山上宝训"亦作登山宝训，指的是《圣经·马太福音》第五章到第七章里，由耶稣基督在山上所说的话。"山上宝训"当中最著名的是"八种福气"，这一段话被认为是基督教徒言行的准则。

和化身。有史以来，在世界的每个角落，这些人类的拯救者们都用鲜血和生命证明：每个人不仅拥有生命和自由，还拥有平等地追求个人幸福的权利，这是由全能的上帝根据自己的形象创造出来的每一个人与生俱来的权利。

1776年7月2日，大陆会议投票赞同美利坚合众国独立。两天后，在闷热的7月4日，大陆会议通过了（仅仅做了一些小的但不是很重要的修改）《美利坚合众国独立宣言》的正式文本。它是由五人委员会的主席完成的。当时，委员会被赋予了这项任务，让全世界为义愤填膺的殖民地人民做出公正的裁决。

严格地从历史的观点来看，美国比它实际的年龄要大两天。但是，向共和国的士兵宣读这项具有历史重大意义的事件的日期是"国会，1776年7月4日。美利坚合众国国会全体代表大会宣言"。既然那些为我们赢得了自由的勇士们认为是那样，我们当然也认为是那样了。

顺便说一句，《独立宣言》的原稿有一段奇特的经历。在格拉夫先生破旧的起居室中完成之后的最初的101年中，它没有固定的存放地点，它被视为公众财产，被不断地挪来挪去。它被从一个州运到另外一个州，至少在十多个城市暂时存放过。其中还有两次它差点落入敌人手中，第一次是在独立战争期间；第二次是在1812年战争时华盛顿市被英军烧杀掠夺期间。经过一个世纪的辗转之后，由于过度暴露于阳光之下，文字已经变得非常模糊。因为这些羊皮纸不断地被弯曲，签名已开始脱落，变得难以辨认了。这时人们才决定把它送到国务院，妥善保管起来。但是那栋陈旧的大厦一旦失火，《独立宣言》就会像干草垛一样顷刻化为乌有。最后终于在1921年，它被存放在了国会图书馆的一个特制的保险箱中。即使在那儿，如果华盛顿遭轰炸的话，留给我们的也只能是遗憾了。

这里有一份与当初托马斯·杰斐逊交给大陆会议时一模一样的《独立宣言》。我从伯纳德·梅奥所写过的最出色的一本书——《杰斐逊其人其事》中抄录下来的。我希望他原谅我这种侵权行为。在这儿，我也督促大家读一读这份不是很有趣但意义重大的文稿。这样，也只有这样，你才能了解托马斯·杰斐逊这个人。

下面《独立宣言》的原稿中，在国会讨论期间，被否定的部分圈在括号内，增加的部分印刷成了斜体。

美利坚合众国国会全体代表大会宣言

在人类历史事件的进程中，当一个民族必须解除其与另一个民族之间迄今所存在着的政治联系，并在世界列国之中取得那"自然法则"和"自然神明"所规定给他们的独立和平等的地位时，就有一种真诚的遵从人类公意的心理，要求他们一定要把那些迫使他们不得已而独立的原因公布出来。

我们认为这些真理是不言而喻的：人人生而平等，享有上帝赋予的（固有的）某些不可转让的权利，其中包括生命权、自由权和追求幸福的权利。为了保障这些权利，人类得以建立政府，而政府的正当权力，是经被统治者的同意而产生的。当任何形式的政府破坏这些目的时，人民便有权利改变或废除它，建立一个新的政府。新政府赖以奠基的原则，其组织权力的方式，务使人民认为唯有这样才最可能获得安全和幸福。诚然，慎重会使人们认为，成立多年的政府是不应当由于轻微的、短暂的原因而予以变更的。过去的一切经验也都表明，任何罪恶，只要是尚能忍受，人类都宁愿容忍，而无意为了自身的权利便废除他们久已习惯了的政府体制。但是，当一个政府恶贯满盈、倒行逆施（开始于一个异乎寻常的时期，而且）一贯地奉行那一个目标，显然企图把人民置于绝对的专制统治之下时，那么人民就有权利，也有义务推翻这个政府，并为其未来的安全建立新的保障。这就是这些殖民地过去一向漠然忍辱吞声，也是他们现在被迫不得不（消灭）改变以前的政府制度，其原因也在于此。当今大不列颠国王的历史，就是一部（不断）屡屡怙恶不悛、倒行逆施的历史，（其中似乎没有一件事实与其他事实的一贯主旨相悖，但是他的一切行为的）其一切行为的唯一目标，就是想在这些州建立一种绝对专制的统治。为了证明这一点，现把下列具体的事实向公正的世人宣布（我们保证事实真实可信，绝无欺骗可言）。

他拒绝批准那些对公共福利最有益和最必要的法律。

他禁止他的总督们批准那些紧急而迫切需要的法令，除非那些法令在未得到他同意以前，暂缓发生效力；而在暂缓施行期间，他又完全对那些法令置之不理。

他拒绝批准其他那些把广大地区供人民移居垦殖的法令，除非那些人民情愿放弃自己在立法机关中的代表权。但这种权利对人民来说有无法估量的意义，而只有对暴君说来才是可怕的。

他把各州的立法团体召集到那些不同寻常的、不方便的、远离其公文档案库的地方去开会，其唯一的目的是使那些立法团体疲于奔命，以服从他的指使。

他屡次（不断地）解散各州的议会，因为那些议会以刚强不屈的坚毅精神，反对他侵犯人民的权利。

他在解散各州议会之后，又长期不让人民另行选举。这样，那不可取消的立法权便重新回到了广大人民的手中，由人民自己来实施了。而这时各州仍然险象环生，外有侵略者的威胁，内有动乱的危机。

他竭力抑制各州人口的增长。为此目的，他阻止批准"外籍人归化法案"；他又拒绝批准其他鼓励人民迁徙的法令，并且提高了重新分配土地的条件。

他拒绝批准建立司法权力机关的法案，借此来（容许）阻挠司法工作的执行（在一些州完全停顿下来）。

他使（我们的）法官的任期年限、薪金数额和支付权，完全由他个人的意志来决定。

他（僭越权力）设立了许多新的官职，派遣大批的官吏来钳制我们的人民，并且盘食我们的民脂民膏。

在和平时期，他未经我们立法机关的同意，就把常备军（和战舰）驻扎在我们各州。

他使军队不受民政机关的节制，并凌驾于民政机关之上。

他与其他人狼狈为奸，要我们屈服在那种与我们的宪法格格不入，并且没有被我们的法律所承认的管辖权之下；他还批准他们那些假冒的法案来达到以下目的：把大批的武装部队驻扎在我们各州；用一种欺骗性的审判来包庇那些武装部队，使那些对各州居民犯了谋杀罪的人得以逍遥法外；切断我们与世界各地的贸易；未经我们同意便向我们强行征税；在许多案件中，剥夺我们在司法上享有"陪审权"的权利；以"莫须有"的罪名把我们押解到海外去受审；在邻近的地区废除英国的自由法律制度，在那边建立专制政府，并扩大它的疆界，要使它迅即成为一个范例和适当的工具，以便把那同样的专制统治引到我们这些（州）殖民地来；剥夺我们的"宪章"，废除我们那些最宝贵的法令，并且从根本上改变我们各州政府的形式；关闭我们自己的立法机关，宣称他们自己有权在一切场合之下为我们制定法律。

他（撤走了他的总督们，并宣布我们对他不忠，不再受他的保护）宣布我们已不在其保护范围之内并对我们作战，从而放弃了这里的政权。

他掠夺我们的海上船舶，骚扰我们的沿海地区，焚烧我们的城镇，并且残害我们人民的生命。

他此时正在调遣大量的外国雇佣军，要把我们斩尽杀绝，夷为废墟，并肆意暴虐。他已经开始造成杀戮和背信弃义的气氛，这在人类历史上最野蛮的时期都是罕见的。他完全不配作为一个文明国家的统治者。

他强迫我们那些在公海上被俘虏的同胞们拿起武器来反抗其国家，充当屠杀其兄弟朋友的刽子手，或是他们自己被其兄弟朋友所杀死。

他在我们中间煽动内乱，并且竭力挑唆那些残酷无情的印第安人来杀掠我们边疆的居民。众所周知，印第安人的作战原则是不分（现存的）男女老幼，一律格杀勿论。

（他以从我们身上没收的财产为诱饵，唆使我们的同胞发动叛乱。）

（他对人的本性发起了残酷的战争，侵犯那些从来也没冒犯过他的遥远居民的最神圣的权利——生命和个人自由，逮捕他们，并且把他们送到另一个半球去当奴隶，或者导致他们在途中悲惨地死去。这种海盗似的战争，对于异教徒的国家来说也是一个耻辱，可这却是基督教的大不列颠王国所发动的战争。他决心继续开发人口买卖的市场，滥用否决权，压制殖民地立法机构禁止或限制这个可诅咒的贸易的每一个企图。而且，更可怕的是，他正在鼓动这些人拿起武器反抗我们，通过屠杀在他的强制下使用的奴隶的人们以换得他从他们身上剥夺掉的自由。他这样做是用他们去侵犯一个民族的生存权的罪行来偿付他曾侵犯另一个民族的自由的罪行。）

在他施行这些高压的每一个阶段，我们都曾经用最谦卑的言辞呼吁其改正，但屡次请求所得到的答复却是屡遭伤害。

一个如此罪恶昭彰的君主，其一切的行为都可以确认为暴君，实在不堪做一个（向往自由的）自由民族的统治者（未来的时代几乎无法相信，一个人竟如此胆大妄为，在短短的12年之内，为了对一个在自由的原则基础上成长和锻炼出来的民族实施暴政打下了如此广泛、如此明目张胆的基础）。

对于我们的英国弟兄们，我们并不是没有注意到。我们曾经时时警告他们不要企图用他们的立法程序，把（一种）一种不合法的管辖权横加到（我们这些州）我们身上来。我们曾经提醒他们注意我们在此地移民和居住的实际情况。（这两点都不能成为如此奇怪的主张的根据。移民和居住下来是靠我们自己的血汗和财富实现的，并没有得到大不列颠的财富和力量的帮助。在建立我们几种形式的政府时，我们承认了一个共同的国王，从而奠定了与他们的永久联盟和和睦的基础。但是，服从他们的议会，如果历史可信的话，在我们的宪法里找不到，也根本不是我们的想法。）我们曾经向他们的天生正义感和侠义精神呼吁，（以及）也曾经用我们共同的血缘关系向他们恳切陈词，要求取消那些倒行逆施的暴政，因为那些暴政（可能）不可避免地使我们之间的联系和交

独立宣言诞生了。

往中断。然而，他们也同样把这正义的、血肉之亲的呼吁置若罔闻。（当他们有机会通过正常的法律程序，将破坏我们和睦相处的人从他们的议会中清除出去的时候，他们却凭借其自由选举使这些人重新掌权。也正是这个时候，他们允许其总督们不仅派与我们血缘相同的士兵，而且派苏格兰及外国雇佣军入侵和消灭我们。这些事实等于向本已痛苦的感情戳上了致命的一刀，于是内心的自尊和气概要求我们宣布永远断绝与这些无情的同胞的关系。我们必须忘掉从前对他们的爱，并且像对待世界上其他人一样对待他们，与我们交战即为敌人，与我们友好即为朋友。我们本可以是一个自由而伟大的民族。但是，双方在伟大和自由方面的联系，在他们看来似乎有损于他们的尊严。既然他们要这样做，那就这样吧。通往幸福和光荣的道路也向我们敞开。我们愿意和他们分道扬镳，并且）因此，我们不得不承认与他们有（永远）分裂之必要，并且如同对待世界其他民族一样对待他们，与我们交战即为敌人，与我们友好即为朋友。

因此，我们，在大陆会议下集合起来的美利坚合众国的代表们，呼吁世界人士的最高裁判，来判断我们这些意图的正义性。我们以各殖民地善良人民的名义，并经他们授权（拒绝和宣布放弃对大不列颠的君主们以及今后所有借助于、假手于或受命于他们的发号施令人的效忠和隶属关系；我们完全解除迄今为止在我们和大不列颠的人民和议会之间的所有的政治联系；最后，我们坚持和宣布这些殖民地将成为自由和独立的国家。）庄严地公告和宣布：这些联合一致的殖民地从此是，而且按照法律应该是，独立和自由的国家，并且按其权利也必须是自由和独立的国家。它们取消了一切对英国王室效忠的义务，它们和大不列颠王国之间的一切政治关系从此全部予以断绝，而且必须也应当予以断绝。作为自由独立的国家，它们完全有权宣战、缔约、媾和、结盟、通商和为独立国家有权采取的一切其他行为和事宜。

为了拥护本宣言，怀着深信神明福佑的信心，我们谨以我们的生命、财产和神圣的名誉彼此宣誓。

05 一个最有价值的生命的最后五十年

　　托马斯·杰斐逊完成《独立宣言》之后的半个世纪里，他又做了大量惊人的工作。他完成的工作等同于十多个普通官员完成的工作，这足以让那些子孙后代感到自豪。

　　完成1776年大陆会议的任务之后，杰斐逊回到了自己的家乡弗吉尼亚，希望把它改造成北美其他十二个殖民地的榜样，把它设计成一个民主之乡。他首先开始积极宣传废除长子继承权和限嗣继承权。这两个继承权词汇都起源于中世纪，可以追溯到封建时代。那时土地是财富的唯一象征，每个家庭都想控制更多的土地。依据法律，不管以什么方式，父亲都把大量的地产传给长子，而不是分给其他的孩子。

　　托马斯·杰斐逊不想看到新大陆重蹈旧大陆的陈规陋习，尽力阻止这种封建体制在大洋另一端的延续。他坚持认为整个世界属于全人类，但他并不认为所有人的智力水平是相同的。同两千年前柏拉图的观点一样，杰斐逊认为，给予每个人平等的教育权是国家的义务，这样才能分辨出哪些人是愚蠢的，哪些人是稍微聪明的，哪些人是极其聪明的。他希望（他是一个乐观主义者）那些极其聪明的人应该把他们具有的天赋看成是为国家、为其他人服务的责任。

　　但是他一点也不同意那个流行的被普遍接受的陈腐观点（尤其为富人们所接受），即孩子们除了在出生时受的那

公众们对旧有的制度非常不满，他们为了表达自己的愤怒，就把人偶吊起来泄愤！

点儿苦之外，应该在以后的生活中享受生命的舒适和快乐。他主张人们要为得到的每一样东西付出艰辛和努力，这已经成为他最神圣的信仰，他竭尽全力打破这个与之相悖的体制。更不用说，他希望平均分配世界财产的主张，使他在富人中遭到冷遇。直到1785年，弗吉尼亚才取消了"限嗣继承权"和"长子继承权"。

接下来他又处理了一个更棘手的问题，那就是宗教自由问题。他提交了一份弗吉尼亚应允许宗教完全自由的提案。这条议案，后来经过修改，直到1786年才被通过。杰斐逊一直认为，这是他一生做过的最有价值的一件事，并特别要求在他死后将此事刻在他的墓碑上。他甚至没有要求一定要在墓碑上刻上他做过美国总统这件事。对于他来说，当过总统仅仅是他生命中的一项事业，这跟他当过治安法官一样没什么区别。但是，他希望他的《独立宣言》和他为宗教自由所付出的努力能为自己赢得同胞们的尊重和感激。

在杰斐逊安息之地竖起的墓碑上，还刻着第三件事，那就是他创建了弗吉尼亚大学。他为自己能为公共教育事业做贡献，为建立公立学校、免费图书馆和大学所进行的奋斗而感到无比的自豪。人类能在大学里自由地进行科学探索，揭示大自然的奥秘。这样，人类就不再是大自然的奴隶，而具有了可以驾驭威胁其自身安全力量的能力，增加了他们被上帝创造出来之后的尊严。

这位弗吉尼亚的哲学家、杰出的文学巨匠在内心深处是一个非常务实的人。这就是为什么他能在货币体制问题上取消了宗主国的以十二进制为单位的货币体制，而代之以十进制。我真希望他也能改进度量衡，那样的话，今天我们就不至于同世界其他地方合不上拍了。但是，现在一切为时已晚，恐怕不会再有什么改变了。

　　杰斐逊在忙于解决这些事情时，从中获得了满足与快乐。因为，他可以安静地在家里做这些事情，管理他的种植园，改良土壤，实验种植一些新的食物产品。这样就能够让普通人花费比以前更少的钱，吃到更有营养、有价值的食物，使家人的身体更加健康。

　　当然，有一方面，他取得的成就甚微。他所深爱的"普通人"（当他年迈后，他对这类人有了更好的理解），对日常生活中任何剧烈的变革，都表现得倔强如驴。他们固执地拒绝接受杰斐逊先生为了让他们生活得更好而向他们推荐的新鲜而又健康的谷物、蔬菜和水果新品种。他们固执己见，坚持只吃非煮即炸的食物，结果许多家庭的一半人口都死于营养不良。但是，正如我在前面整个章节中所指出来的那样，杰斐逊是一位真正的哲学家，他深谙这个道理，即人类学会博爱的唯一方式就是无论别人怎么对待你，你仍努力去爱他们。

　　至于在政府任职，他从来不去追求什么。必须要做时，他把这些职务当成社会责任。因为这些职位从来不是他的兴趣所在。这些事务浪费了他大量宝贵的时间，比如参加委员会会议，并强迫他远离家乡居住在纽约和费城。这两个城市在新都建在弗吉尼亚（位于波托马克河沿岸，离华盛顿将军在佛蒙特山的官邸并不远）之前是这个国家临时的首都。但是，职责就是职责，既然已经帮助建立了这个新生的国家，他觉得至少应该信任它，直到它能够度过褓褓期，学会自己走路。因此，当本杰明·富兰克林博士在他78岁高龄时，提出合理的请求，希望能从美国驻凡尔赛大使一职上退下来时，是托马斯·杰斐逊接替了他的职位。但是，杰斐逊耐心地向法国外交大臣解释说，他并不是"取代"了富兰克林博士，因为根本没有人能够取代这位戴着海狸帽，来自波士顿、费城乃至整个世界的圣贤的位置。

　　托马斯·杰斐逊在法国待了5年，在法国大革命爆发前夕才回国。他

　　杰斐逊可以安静地在家管理他的种植园，改良土壤，实验种植一些新的食物产品。秋天，他走在蒙蒂塞洛的树林里，他感到五彩缤纷。

早就意识到法国的君主专制必将走向灭亡，因为太少的人掌握太多的权力和财富，而大多数人却几乎一无所有。这正是他所害怕发生的，这种担心成了杰斐逊作为总统时所做一切的主要驱动力。新世界（他不断地重申这一主张）一定不能再重蹈旧世界的覆辙，必须给每个人平等的机会，必须给每个人一小块可以称之为自己的土地。这样他们就会珍爱这块土地，为它辛勤劳作，为它斗争，甚至为它牺牲自己的生命。最后，这些一小块一小块的土地组成一个庞大的国家，每个公民都会热爱这个国家，它的自由是他们最大的财富。

尽管杰斐逊看到了法国人民所犯下的明显的错误，但他却喜欢他们卓越的品质。尽管法国人在大革命中表现出了很多不可宽恕的野蛮行径，但他一直是他们忠贞不渝的朋友。而另一方面，他对英国人的同情却是日渐减少而不是剧增。他永远无法原谅英军入侵弗吉尼亚时所进行的毫无必要的烧杀抢掠。此时，他有了去英国实地研究英国人的机会。

他被派往伦敦，就美国和英国之间的一个贸易条约进行谈判。在伦敦，他受到了粗暴无礼的对待，感觉自己好像是一个逃跑的奴仆，而不是一个独立的主权国家的官方代表。

杰斐逊返回美国不久，美国人分裂为两个派别，彼此相互攻击。民主派①支持法国大革命，尽管塞纳河河畔发生的许多事情让他们震惊，但他们仍然高度赞扬废除君主制，建立共和制。他们感到在所有国家中，美利坚合众国最应该支持欧洲第一个在君主专制的废墟之上建立起来的共和国。

① 民主派，即后来的民主—共和党人。

另一方面，以亚历山大·汉密尔顿[①]（一位来自西印度群岛的移民，他的出身使他没有成为贵族的可能）为首的保守派[②]，主要包括大城市的银行家、造船主、地产经纪人和借贷资本家们。他们害怕一个新的民主政体的产生，能够加强美国现行政府的影响（他们不希望政府如此受欢迎），因此他们几乎想强迫美国对法国开战。

杰斐逊惊骇地发现，在他离开美国的5年间，如此多的美国民众已经转向了保守派。自从他被华盛顿总统任命为国务卿后，他一直尽自己最大的努力使国家这艘大船沿着安全的航道航行，既不"左倾"也不"右倾"。但是这时他才意识到，如果想挽救共和制使其免于沦落为君主政体，他就必须抗争，因为亚历山大·汉密尔顿及其追随者的头脑中无疑有这种想法。

1793年，杰斐逊感到他不能再完全效忠于华盛顿总统了。因为总统受到更多的来自于汉密尔顿的贵族思想的影响，而不是受其来自于弗吉尼亚的阿尔伯马尔县的同乡的影响。在这一时期，托马斯·杰斐逊的追随者聚集在一起，建立了一个名为"民主－共和党"的党。这一政党是今天民主党的前身。

1796年，民主－共和党成功地使杰斐逊当选为美国的副总统。1801年，他当选为美利坚合众国的第三任总统。

在杰斐逊任职期间，美国从法国人那里购买了路易斯安那，从而获

---

① 亚历山大●汉密尔顿（1757—1804），美国开国元勋之一、宪法的起草人之一。他从一个来自英属西印度群岛的私生子和无家可归的孤儿，一跃成为乔治·华盛顿最信任的左膀右臂，是美国第一任财政部部长，后因政党恶斗导致决斗而丧失生命。
② 保守派，即联邦党人。

得了大量的额外土地。在他的支持下，刘易斯和克拉克完成了那次著名的航海旅行，使那个时代的人们把目光放在了他们居住地以外的直到太平洋海岸的广袤无垠的土地上（几乎是无人居住的空地）。

在这里，我很容易把自己陷入无穷无尽的琐碎小事当中，而这些事情与我想让你们认识的、理解的、热爱的托马斯·杰斐逊关系不大。当

杰斐逊跃上马背，回到了小山冈上他深爱的家园。

杰斐逊的客人几乎把他吃破产了。

杰斐逊当总统时，一场大的战争席卷全球，这是他的不幸。不论他做什么，他都会被一方或者另一方所诋毁，他的动机注定会被那些反对他的党派领导人所误解和歪曲。

1809年，在他66岁那年，他毅然辞别政府工作，收拾起文稿，跃上马背，回到了小山冈上他最爱的家乡，那一定是他一生最快乐的时光。从那时起，他只有一个理想——建立弗吉尼亚大学。他希望这个大学成为这个真正民主的国家纯学术机构的好榜样，也希望它成为其他州的榜样。

现在到了这位伟人最后几年的时光。在这段时间里，他成了自己慷慨大方的牺牲品。杰斐逊是一个真正好客的弗吉尼亚绅士，不管是对朋友还是陌生人。这些人往往是那些奔走于他家门口，向这位蒙蒂塞洛的伟人展示自己崇敬之情的人；或者是去看看这位伟人长什么样以满足自已好奇心的人；还有一些人只是来证实一下是否每一个想要留下来吃午餐的人都能被提供一顿免费的午餐。

的确如此。那些饥渴的朝圣者不仅能够在主人的餐桌上大饱口福，而且只要他们流露出一丝逗留之意，杰斐逊就会给他们提供一张床，让他们住上一周、一个月甚至好几个月。最后，这如狼般的一群人吃穷了杰斐逊。虽然他自己没有意识到，但他确实太老了，不能再独自经营这么大的地产。他没有儿子，也没有近亲的男性后代能够帮助他减轻一些负担。这时，他做了一件极其危险的事，一件能使最谨慎的商人陷入困境的事情。他给一个好朋友签名作保，结果这个好朋友破产了，托马斯·杰斐逊必须弥补损失。这是相当大的一笔钱，彻底摧毁了他。

事实上，杰斐逊发现他目前的形式如此严峻，以至于有一段时间他差点失去他深爱的蒙蒂塞洛——当时已经被债权人查封。当这一不幸的消息传开后，一些与他同时代的人们所具有的荣誉感，驱使他们立即行动起来，阻止了这件有辱国家形象的事情发生。

在杰斐逊（作为孤注一掷的方法）请求威廉斯堡的政府允许他以抽彩的方式卖掉他的地产时，全国各地的朋友都聚集起来帮助他。数量不等的钱从全国各地寄到了蒙蒂塞洛。最后，这些自愿捐助的钱一共是16000美元。但是给国家服务了半个世纪的托马斯·杰斐逊却最终发现自己负债竟达20000美元！因此，捐赠只是权宜之计。托马斯·杰斐逊刚一去世，债权人就开始了新的攻势。他的女儿们只好把其房产卖给了出价最高的投标人。

杰斐逊的埋葬地是不包含在出售范围之内的，它仍是那个写出了《独立宣言》的人给子孙后代的遗产。墓碑上记载了已逝预言家希望他的子孙后代们不要忘记的一些事情。但是，墓碑被游客一块一块地敲下

　　杰斐逊发现他将要面临破产，以至于有一段时间他差点失去他深爱的蒙蒂塞洛——当时已经被债权人查封，他告诫自己的亲人，不要与别人争辩。

来，作为纪念品带走了。一切能够追溯他在弗吉尼亚山谷中快乐生活的痕迹几乎都已消失。幸亏一位退休的海军军官——乌利亚·P.李维对它采取了拯救工作。他得到了蒙蒂塞洛的遗产，尽可能小心地把它恢复到了托马斯·杰斐逊生前的样子。

第一次世界大战之前，把蒙蒂塞洛收归国有的运动开始了。最初购买它的那个人的子孙后代们（他们是如此地慷慨让每个人都去参观蒙蒂塞洛）将其交给了托马斯·杰斐逊纪念协会。1923年，蒙蒂塞洛恢复了它原有的面貌，并将永远保持下去，成为所有美国人民在那里缅怀他们民族的一位伟人的圣地。

我想，现在你肯定很好奇这位最有价值的、最爱国的伟人具体是怎么去世的吧。在他生命中最后的时刻，他是不是给这个他曾经参与建立的国家留下了什么遗言。不，他没有。这样的事情太具有戏剧性，杰斐逊不喜欢富有戏剧性的东西。思想和行动的绝对简单朴素是他性格主要的特征之一。他静静地离开了这个世界，正如他默默地来到这个世界一样。

弗吉尼亚大学建立以后，他与外界的接触越来越少了。他再次从马背上摔下来，摔断了一只手腕。这严重影响了他与朋友们的书信往来，这已经是他所剩无几的乐趣了。但是，他的一位独立战争时期的老朋友，法国的一位著名将军——拉法耶特①的来访给了他无尽的乐趣。拉法耶特1825年来到蒙蒂塞洛，在那里度过了一些快乐的日子。他们坐在太阳底下，从杰斐逊隐居的山岗上注视着眼前的山岭，回忆着过去的光辉

①拉法耶特（1757—1834），法国贵族，由于参加了美国独立战争和经历了法国大革命，被称为新旧两个世界的英雄。

岁月。那时杰斐逊还是弗吉尼亚州州长；而拉法耶特，这个法国人，则在崇山峻岭中同英国人作战。

1826年6月初，托马斯·杰斐逊的朋友们注意到，他开始表现出一些体力耗尽的特征了，偶尔会神情恍惚，无法将正在谈论的话题进行下去。当然，杰斐逊非常清楚自己的境况。

在一位拜访者试图安慰他，对他说他不久会恢复原来的状态时，杰斐逊对他说："我就像一块老手表，这儿的小齿轮磨损了，那儿的轮子转不动了，恐怕它不能再走多久了。"

1826年7月4日这一天，自从钟声第一次鸣响，宣告这个新的国家——美利坚合众国的诞生至今，半个世纪已经过去了。钟声再次响起，当它们传递完自由和希望的喜讯后，当一切恢复平静后，托马斯·杰斐逊已步入了天堂。此时，他站在上帝的圣坛前，在他事业开始的时候，他也曾站在这里发誓，坚决与任何遏制人类思想的专制做斗争。

人类的仆人，做得好！

你打了一场漂亮的战斗。

你单枪匹马与无情的独裁做斗争，

为的是捍卫自由与真理。

到此为止，您一直听我在描述托马斯·杰斐逊。在我们相互告别之前，我想如果我给您提供一个机会，让您去了解杰斐逊自己是如何描述他自己的，这将非常有意义。如果出版商能够再给我几页的篇幅，我将再抄录一些杰斐逊的通信，这样您就会理解为什么我感到了解他是一大乐趣。

比方说，如果我能早一点读到他的关于"辩论毫无意义"的文章，我会活得比现在更加幸福（可能也更快乐），因为我将不会在毫无意义的争论上面浪费那么多时间。这些争论对我们毫无用处，仅仅是浪费了我们本应该和孙子一起玩耍的时间，或者是牵着狗出去散步的时间。

我打算把我一个15岁的外孙送到费城……我没有太多的奢求，只希望能培养他的判断力、观察力，还有我最欣赏的——幽默感。我认为评价一个人品质的标准是：第一，幽默感；第二，正直；第三，勤奋；第四，知识。把"幽默感"而不是"正直"放在第一位可能会得不到别人的认同。但是，我们每个人显然都愿意与有幽默感、放松随和的人相处，而不愿和脾气暴躁、拘谨古板的人待在一起。

我说过幽默感可以使我们的心态保持平和、安宁。幽默感总能产生最佳的效果。如果幽默感再人为地辅以礼貌，将会成为一流的品质。事实上，礼貌是人为的幽默感，它可以掩饰本能上幽默感的不足，最终可以使习惯几乎等同于自然的美德。幽默感无非是牺牲一点点我们的方便和偏爱，去迎合在社会中接触到的其他人，使他们得到心理上的满足，而我们也并没有失去什么值得遗憾的东西。幽默感无非是为了讨人欢喜、取悦他人而使用的一种表达方式，以博得他人的好感，使他们对我们满意，也对他们自己的做法满意。看来与他人保持友好，代价并不昂贵！假若对方出言不逊，而我们的彬彬有礼则会帮助他恢复理智，会使他感到惭愧，会以最有益的方式改变他，使他在大庭广众之下，被我们的和善所折服。

在阐述我们治理国家应遵循的原则时，我必须强调非常重要的一点，即不要与人辩论或争执。我从没有看到过通过争论而能说服对方的情况。相反，我却见到过许多人越争越激烈，语言越来越粗鲁，甚至互相攻击。信念是我们冷静推理的结果，是我们经过独自思考，或者把别人的话放在心里认真权衡的结果，绝非是争辩所能获得的。"不要与人针锋相对"，这条准则使富兰克林博士成为我们当中最和善的人。如果他需要阐明一种看法，他通常采用提问的方式，或者采用提出质疑的方式，好像是在索取信息。

当我听到有人发表与我相左的意见时，我会对自己说，他有权提出自己的观点，就像我有权坚持我的一样。我为什么要提出质问呢？他的错误对我并不构成损害。难道我一定要像堂•吉诃德那样，用辩论的力量使所有人都坚信同一观点吗？如果他错误地阐述了事实，但他却从这个信念中得到了满足，我没有权利剥夺他的这种满足感。

我认为我们常见的争论者可分为两类。一类是刚刚跨进科学门槛的年轻学生，他们对科学略知一二，但尚不了解具体内容和可以改进之处，需要进一步的学习才能掌握这些知识；另一类是那些脾气暴躁、粗野无礼、对政治充满激情的政客们。

由于你和我关系密切，你比其他任何人更容易受到这些人的攻击，他们会像动物一样摆动着犄角向你攻来。他们把我看成是敌对党的领袖，恨我，恶语中伤我。所以，他们看到你就像生病的狗看到了呕吐草一样，会一下子把肚子里的污浊之物都吐出来。你要这样看待他们，把他们看成是只能偶尔施舍一点休闲自在的对象。我的性格不在他们的掌握之中，而由我的同胞们控制；我的荣辱，由我国拥护共和政体的民众所看到的一切，而不是根据人民的敌人（也是我的敌人）所说的话来决定。

这里我也要用托马斯·杰斐逊的话来说明一个问题。只要有人发表看法，仅仅是个人的观点，认为世界会因领袖的诞生而发生变化，优秀领导才能的一半是人生奋斗的结果。这时，就会有人站出来，皱着眉头，指着你质问：“我亲爱的先生，托马斯·杰斐逊和他的‘人人平等’的观点又作何解释呢？那可是我们生活中民主思想的基石，难道他不认为这一点——‘人人生而平等’——是最根本的吗？”

托马斯·杰斐逊确实在《独立宣言》的序言中写下了这些话。但是，他是一个睿智的绅士，他知道他永远也不可能超越上帝的智慧。既然上帝赋予我们的是一个没有任何两样事物（山峦、海洋、麻雀、大象、细菌）完全相同的世界，毫无疑问，在写那份流芳百世的宣言时，杰斐逊所想的也是“法律之下人人平等”，而不是“智力或体力的完全相同”。

为了证实我的说法，这里我摘录了他写给他的前任总统约翰·亚当斯的一封信中的部分内容。此信写于1812年，讨论的是有关“真正贵族”的问题。

我的朋友，我同意你的看法，人类之中确有天生贵族。这种贵族是以美德和才能为基础的。从前，孔武有力就可以置身于贵族之列。然而，自从火药被发明出来之后，毁灭性的枪炮既武装了强者，也武装了弱者。从此，个人实力，如美貌、幽默感、彬彬有礼以及其他一些造诣，就成为了置身显贵的重要条件。还有一类是人为贵族，他们凭借财富和门第，而不是美德和才能，跻身于贵族阶层。如果有美德和才能，他们就应该属于天生贵族。我认为，天生贵族是大自然为了社会的教育、管理和治理而送给人类的最珍贵的礼物。如果只有群居状态的人，而没有德行和智慧的人来管理社会事务，那将不是完整的社会。如果采取最有效的措施使当选的政府官员都是天生贵族，那么我们能说这不是最好的政府吗？人为贵族是政府中的害群之马，应该采取措施谨防他们得势。

至于什么是防止人为贵族的最好措施，我们的看法有分歧，但我们的分歧是理智的朋友之间的分歧……你认为最好的办法是让人为贵族们组成一个单独的立法机构。这样，与他们平行的部门就可以防止他们制造麻烦。另外，他们也可以保护财富不被农民和大众企业所侵吞。我则认为，为了防止他们制造麻烦而给他们权力，实际上是在帮助他们，是在助纣为虐。我认为最好的补救办法是根据宪法的规定，让公民自由选举，让公民去分辨人为贵族和天生贵族，把小麦从糠壳中分离出来。

我们的分歧在某种程度上可能是由于我们周围人的不同特征所造成的。似乎有一种（在马萨诸塞州和康涅狄格州）崇拜某些家族的传统。这种传统使得一些政府职位几乎成了世袭的职位。然而，虽然这种情况……可能在某种程度上确实是基于某些家族的功绩之上，但在更大的程度上却是源于政教的紧密联盟。这些家族正是本着"你让我高兴，我也让你高兴"的大众原则，才在人民的眼中圣化了。

在弗吉尼亚没有这种情况。我起草的法律从根本上铲除了人为贵族。假若我所起草的另一项法案被通过，我们的法律将是完美的。那是一项广泛传播知识的提案。从不同的阶层中选拔出有品德、有天赋的人，通过良好的教育，在竞选中击败那些拥有财富和门第的贵族，来担当公众的候选人。我殷切希望某些有爱国精神的有识之士……倡导这种观点，使它成为我们政府的拱顶石。

最后，还有一些托马斯·杰斐逊关于教育这一重要问题的观点。虽然这些观点写于一个多世纪前，但并不过时，仍会让您感兴趣。因为无论发生了什么，总会有年轻的一代，所以这个话题今天仍然存在。教育一直是个问题，也将永远是个问题。如果教育不为年轻一代着想，"老一代"人是不会放心的。

我工作的一部分，我很喜欢的一部分，是指导那些向我求教的年轻人。他们住在附近的村庄里，阅读我的藏书，聆听我的忠告，这些都成为我生活的一部分。我努力使他们关注所有科学知识、关注人类的自由和幸福。这样当他们在国家的议会和政府中担任职务时，他们就会考虑所有法治政府最应该关注的问题。

我确实想好了两个有效的方法，缺少这两项措施，一个共和国家就无法保持强大。一、普及教育，使每一个人靠自己来判断什么能保障或危及其自由。二、把每一个县划分成区，区的大小由区内所有的孩子都能在该区的某个学校就读来决定。但这种划分要基于许多其他基础条件之上。每个区……都应该是一个能够管理本区事务的机构……就像东部的市镇管理委员会一样。这些小的共和体将会成为大的共和国的主要力量所在。美国革命发端于东部诸州应该归功于这些小共和体，也正是依靠它们，东部各州才能够废除针对中部、南部、西部的贸易禁运。而中、南、西部诸州庞大、笨拙的县的划分方法根本无法把人们召集起来。来自中央的命令下达到每个区的负责人，就像命令下达到了一支部队的指挥官，整个国家马上就朝一个方向，像一个人那样积极行动起来，其力量无人可挡。

没有比在每个县建立一个流通图书馆，以少量的花费获得广泛效益的更有成效的方法了。图书馆的书籍虽数量不多，但都经过精挑细选，供人们阅读。可以让人们对世界历史有一个概括的了解，对本国历史作详细了解，阅读一些地理知识、自然哲学、农业和机械学等方面的书籍。在这方面我会有求必应的。

没有人比我更真诚地希望在人类中传播知识，也没有人比我更相信传播知识可以支持自由、有效的政府。所以，当我得知田纳西州为这一崇高的目的设立了专门的基金时，我由衷地感到高兴。我认为我们国家所实施的（建立大学的）方案，即建造一座又大又昂贵的大楼的做法是错误的。更好的做法应该是，为每位教授建一所独立的阁楼，楼下是一个供上课用的大厅，楼上的两间房子供教授使用。用带棚子的走廊把这些小楼和学生宿舍连接起来，这样往来于各学园之间就不会受天气的困扰了。所有的建筑都环绕着一片草木葱郁的广场，形成了一座学园村，我一再地观察和思考这样的学校，它使我深信，把年轻人关在拥挤的大厦中，对他们的健康、学习、举止、道德和秩序都是不利的。

06 玻利瓦尔即将出场

1489年5月的最后一天，哥伦布开始了他可怕的第三次航行。说它可怕是因为在这次航行结束返回故土之后，他将被像犯人一样对待，戴着脚镣、手铐以及被指控为小到小偷小摸，大到谋杀犯罪的各种罪行。但是出发之前，他对藏在他辉煌事业之后的悲惨结局却一无所知，因为那是三个月之后才发生的事情。他希望通过不懈的努力，找到通向印度群岛的捷径，并因此成为人类有史以来最伟大的航海家，同时向世人展示这位热那亚梳毛工人的儿子也不缺乏雄心壮志。

因此，带领着一支由六艘大船（合起来吨位重量相当于一艘现代的中型货轮）组成的一支壮丽的舰队，哥伦布开始要完成他人生中最后的抱负，给欧洲指引一条通向东

自由的旗帜。

方宝地的便捷之道。

同年7月31日，当哥伦布试图找一个便利的地方填满他们已经空了的淡水桶时，他改变了航向而微向北偏移。此时，他们来到了一个白人不曾到过的岛屿。岛上耸立着三座大山，因此哥伦布将其命名为圣三一岛，即特立尼达岛。

将水桶装满之后，哥伦布再次收锚起航。8月1日，星期三早上的一天，他看到了一小片陆地，误认为是另外一个岛屿，称之为圣岛。他没有登岛勘探，而是继续向西航行，因为他坚信他正在朝着可以直接到达日本、中国和印度群岛的宽阔海域航行。

这时，一些意外的事情发生了。哥伦布一行人遇到了神秘的强水流，威胁到了队伍的安全。尽管哥伦布是个不谙世事、无可救药的幻想家，但毫无疑问他是那个时代最有航行经验的船长之一。他判定这些不稳定的现象肯定是由于周围有一条大的河流正在汇入海洋所造成的，因为没有小溪小河能够引发如此湍急的水流。匆忙中（因为附近的伊斯帕尼奥拉岛的水状也很恶劣），哥伦布无法停船调查此事。所以最终，他不知道他正好驶过了奥里诺科河河口，他也不知道他刚刚在地图上标注的圣岛根本就不是个岛屿，而是巨大的南美大陆的一部分。在很长时间里，他都在猜疑这块大陆的存在，但却从未肯定地在地图上标出它的位置。

请记住这一天，1498年8月1日，星期三。哥伦布在其航行日志中这样写道："今天早晨，我们看到了一个小岛，称之为圣岛，但是没有绕它航行。"正如我们所知，这一天，南美大陆毫无疑问地第一次进入了白人的视野，因为哥伦布看到的是委内瑞拉的一段海岸。

15世纪后半期和16世纪前半期是充满发现、探险和开发等巨大活动

白人第一次在新世界的海岸登陆，这儿的沙子里有黄金吗？

的时代。这种繁荣始于欧洲人听说海洋的那一边有巨大的财富等待着他们开采的说法。在那里，黄金、白银和各种各样的贵重宝石遍地出售，以至于没有人会往而不富。人们要做的就是抓住这次机会。很快，不管是靠乞讨、借贷还是偷盗，凡是能够筹到几千美元的冒险者，都在忙着讨价还价买一艘哪怕是漏水的破旧船只，然后再雇上几个同样也热衷于发财的贪婪的家伙。

接下来的问题就是找一个领航员。由于所有的人都声称自己至少有一次航行经验，这个问题就迎刃而解了。不久，远航就开始了。

在有关这些激情年代的历史书中（尽管没有任何奇迹而言），记载了大多数想发不义之财的冒险者最终得到的都只是悲惨的结局。他们要么被西班牙官方抓捕，然后以非法入侵罪被处以绞刑；要么是他们"独具风格"的领航人使得船只撞上了礁石，结果所有人都被淹死；或者是，即使成功地到达了所谓的"印度群岛"（因为西印度群岛是印度群岛一部分的这个传言，已经存在了一个多世纪之久），他们却发现那里除了沙漠之外没有任何值钱的东西。如果说足够幸运的话，那就是能够活下来，然后恰巧碰到某个公海的海盗船路过，能够载他们重返故土。

这是最常见的结局，但是也有少数例外。只有少数——非常少的投机者能极其幸运地活下来，回到家乡讲述自己的冒险故事。当人们早已对他们的生存不再抱任何希望的时候，却在某一天，这些人在塞维利亚和帕罗斯出现了。他们身着崭新华丽的衣服，身后紧跟着一群相貌凶狠、抱着神秘箱子的仆人，据说箱子里装的都是黄金和昂贵的宝石。

其他人——那些缺乏勇气进行海外探险的人，却用贪婪和邪恶的眼光看着他们。即使成功的机会非常渺茫，几天之后，他们还是出现在海边廉价的小酒馆里面。在那里，一些人（深思熟虑之后）许诺介绍给他们一位了不起的船员。据说这个船员一周前才返航回来，在航行途中，他见到了一位年迈的印度老人，老人告诉他一个离海岸不远的区域。在那里，城墙由金砖垒砌而成，街道由白银铺垫而成，女人们就像穆斯林宫殿里面的天国美女一样漂亮。但这个船员最终出现的时候，却只是一个被船队所遗弃的迟钝的家伙，甚至连金银岛的边儿都没涉足过。但是财富的诱惑太大了，竟有人愿意高薪雇用这个年迈的流浪汉，且愿意许诺把将来发现的财富与他对半平分。

一个月之后，一群亡命之徒驾驶着一艘30吨位的大帆船，颠簸在波涛汹涌的大西洋上。又一次掠夺财富或者灭亡的征程开始了。

不过，从某种意义上讲，这些无望的探险也起到了积极的作用。因为，哪怕是只有1/10的幸运的探险者能够活着回来讲述他们的故事，根据他们带回来的凌乱杂碎的信息，经过里斯本和塞维利亚细心能干的地图绘制师的潜心分析和筛选，人们对新大陆的了解越来越多。就这样，小小的圣岛一点点地扩大，到哥伦布逝世半个世纪后，人们已经能准确地描绘出新大陆的整体轮廓了。由于这是欧洲人有史以来发现的最大的一块陆地，西班牙皇室认为到了该采取行动的时候了。官方认可了新大陆的存在，竭尽全力保障所有的财富都流入已近枯竭的西班牙国库和某些人的私囊之中，这些人得以活到今天是因为当年的刽子手粗心大意，没有套紧他们脖子上的枷锁。

到此为止，西班牙伟大的征服者——皮萨罗①、科尔特斯②和其他所有的野蛮征服者所遵循的组织混乱的随意的制度终于画上了一个句号。这些征服者最初可能是猪倌或是赶骡人，他们对待土著人像对待四条腿的动物一样残忍。他们肆意地掠夺、抢劫，如果任凭他们为非作歹下去的话，南美大陆上的金银财富很快就会被洗劫一空，土著居民不久也会被赶尽杀绝。

一旦官方决定采取行动的命令到达，一些西班牙下级贵族就被任命为总督来控制这些领地。很快他和家人庄严地跨越海洋，庄严地入住到为他们准备好的富丽堂皇的宫殿，然后极其庄严地宣布他们就是皇权的象征。

这是一个新时代的开端，那个把这些富裕的海外殖民地留给探险者、征服者和海盗的年代已一去不返。从这时起，新大陆将遵循这个人的命令，他宣称"我，就是国王"，在占地球1/3的这片土地上是毫无争议的主人。

每个故事都有一个开头。为了方便起见，我将从所有人都比较熟悉

---

① 皮萨罗（1475—1541），西班牙的文盲探险家、南美古代三大帝国之一印加帝国的征服者。
② 科尔特斯（1485—1547），西班牙的探险家，1521年征服了南美古代三大帝国之一阿兹塔克帝国。

的那些日子说起。我将从那些激动人心的年代说起，那时哥伦布踏上了这个岛屿，直到他生命中的最后日子，他还以为那是印度群岛、中国和日本的一部分。

哥伦布向西航行，为其达到目标奠定了基础，从此向西航行的大门却对葡萄牙人关闭了。在此之前的150年里，葡萄牙一直是地理大发现的领导者，但是这并没有阻止他们继续向东航行来试试他们的运气。在航海家亨利王子的领导下，他们制订了最详细的计划。14世纪，葡萄牙已经在亚速尔群岛和马德拉群岛建立了自己的殖民地，以这些岛屿为跳板，一直向南扩张。1488年，一个叫作巴塞缪罗·迪亚

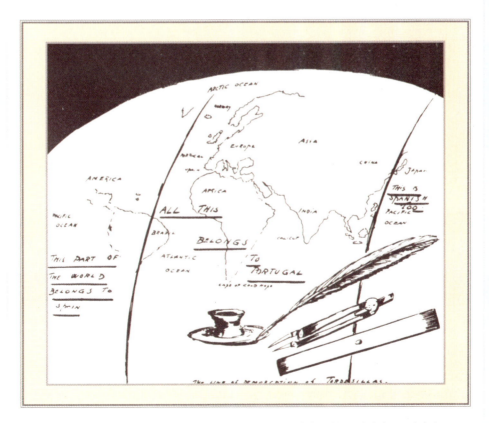

世界地图被小心地分成了两个部分

士的人发现了风暴角。后来的航海家们并没有看到过它波涛汹涌，重新将其命名为好望角。

在迪亚士没有成功地通过好望角而让自己迷失在印度洋里的11年之后，一个叫瓦斯科·达·伽马的葡萄牙人解决了这个问题。在一次向东方短小的、平淡无奇的航行之后，达·伽马到达了离卡利卡特城不远的印度半岛的海岸。以此为基础，葡萄牙在这片土地上建立了自己的帝国。不久，它在这个地方获得的利益远远超过了西班牙人从墨西哥和秘鲁掠夺的黄金财富的总和。

探险的狂热达到了顶点。西班牙和葡萄牙在世界的每一个角落都开始争夺财富。12年的时间里，基督教徒们为了物质利益而相互残杀。这让他们的教皇陛下深感遗憾。毫无疑问，这两个国家都是教会忠诚的儿子。因此，教会绝不会允许他们相互残杀，况且在这个世界上有让每一个人都富起来的足够的财富。如果能够劝说这两国的任何一方（教会是这样推测的）只保持在自己的势力范围之内，就有和平可言，这样就会结束这场兄弟之间的灾难性的斗争。

怀着这样一种崇高的理想，1493年，教皇亚历山大六世（一个名叫罗德里格·博尔基亚的西班牙人）手执尺子，小心地将世界地图划分成了相等的两部分。这条分界线是在西班牙的小城托尔德西里亚斯的一次会议上划分的，因此被称为托尔德西里亚斯分界线（类似于美国历史上的梅森——狄克森线①）。最终，教皇把从巴西境内几百英里的陆地到日

---

① 梅森——狄克森线，曾被视为北方自由州和南方蓄奴州的分界线。它是为了调停英国在美国的各个殖民地之间的领土权益之争，由梅森（Charles Mason）和狄克森（Jeremiah Dixon）两人在1763——1767年勘察之后划定的。这条界线如今蜿蜒于美国的四个州之间：宾夕法尼亚、马里兰、德拉华和西弗吉尼亚，也包括弗吉尼亚（Virginia）州的一部分。

本的西半部划分给了葡萄牙，而美洲的剩余部分（除去巴西的那一小部分）和整个太平洋都划给了西班牙。

今天，除了非洲和亚洲一些零星的地方之外，没有一平方公里的土地还保留在原来殖民者的手中。几乎从分界线确定那一刻起，麻烦事就从未中断过。因为条约根本没有把英国和荷兰考虑在内，所以两国都假装从未听到过有分界线这么一回事，想从这些地方掠夺什么就掠夺什么。法国甚至瑞典也做出了同样的举动。几百年之后，属于帝国的殖民地宣告独立了。但是，在那个时期，即16世纪前半期，《托尔德西里亚斯条约》的确实现了教皇的夙愿。因为，它结束了西班牙人和葡萄牙人之间的争斗，使他们得以全身心地投入在非洲、亚洲和美洲所占领的土地上，进行剥削和弊政管理。

西班牙人在新世界是这样安排自己的势力范围的。他们对这一世界的北部地区不感兴趣。他们知道北美洲的存在，但在对其腹地进行过一系列灾难性的航行探险后，他们确信那里是"百无一用"的地方（在他们的地图上正是这样标出来的），而且很可能永远对任何人也没有利用的价值。

而南美洲却不一样！在险峻的安第斯山脉中，黄金和白银任由人们随意开采。北美洲人烟稀少，而南美洲却有着众多的土著人，可以强迫他们在新主人的采矿厂和种植园中劳作。

南美洲墨西哥的多拉多，又称黄金土地，成了西班牙在新大陆的政治统治中心。为了便于管理，南美洲被划分为两个管辖区：一个是墨西哥；另一个是秘鲁。18世纪中期又增加了两个：新格林纳达和布宜诺斯艾利斯。前者覆盖南美洲最北部的地区，后者管辖南半部分。

在哥伦布发现新大陆后最初的50年里，圣多明各一直被用作各行政

在很短的时间内，所有的道路和村庄都消失了。

机构的票据交换所。殖民地的最高法院，所谓的检审法院，也在此地。另外，殖民地与母国之间进行的所有重要官方贸易也必须经由这个城市。但是，由于极度缺乏训练有素的文职官员（如果一个人饿着肚子，无论在家乡还是在3000英里外的地方，他都会这样做的），圣多明各的行政管理机制极其迟滞低效。因此，大多数在新大陆从事贸易的商人更愿意委托私人代理来办理各种手续，因为他们了解内幕，知道如何贿赂主管的政府官员，从而用简单的手续来完成事情。

以我们现代的观点看，这不是让人满意的做法，但却非常适用于在母国殖民部工作的官员们。这些官员像我们一样，是自己所处时代的历史产物，是那个向外扩张的中世纪的产物。因此，他们与周围人的观点一样，认为财富（本国土地以外的财富）就是黄金、白银、宝石和那些可以装在坚固的大箱子里面带走或藏在地窖里的东西。他们从没有想到殖民地也是一个安置剩余劳动力的好地方。一旦有人在殖民地定居下来，就可以种植一些经济作物，然后同世界其他国家进行贸易。这样，他们就可以征收贸易税，通过这种方式大大地增加国民收入。对于他们来说，这一系列推理似乎太复杂。他们会告诉你，海外领地的存在就是为祖国增加财富。他们会像洗劫沦陷的城市一样掠走那里的财富，而在行政管理上却不舍得多花一分钱。为了做到这一点，他们必须自始至终保持同样的管理方法。

因此，他们不可能进行任何新的尝试。如果证明了一种方法是相当成功的，那么这一方法就会被一直沿用下去。无论与此同时世界发生了怎样翻天覆地的变化，一切还必须按部就班地进行。

大山之中，时间不复存在。

偶尔会有比他的同僚们多一点精明和远见的某位总督或小官吏公开抨击这个体制，建议采用一种更好的贸易方式，其他官员就会立即群起而攻之，有人会到马德里诋毁他，说他是一个危险的激进分子，最好立即召回他。他一旦离去（毫无例外地，他肯定会被召回），一切即可恢复原样。帝国的命运又回到了一群怠惰、麻木的政府官员手中。他们不愿意做任何一点职责之外的事情。他们事业成功的口号只有四个字："安全第一。"

当然，其他国家的殖民地机构也容易有同样的问题，因为很难再有其他的可能了。热带气候让人精疲力竭；雇用用人的费用几乎为零；时间的观念不存在；母国政府相距千山万水；土著居民全无自我保护意识，几千年来，他们的统治者教导他们的就是默默忍受、从不抱怨。然而，在西班牙，情况也同样很糟糕。由于匪夷所思的落后的经济体制和历届国王的昏庸无效的统治，西班牙政府曾两次宣告破产。国家破产是一件非常可怕的事情，就像最近欧洲发生的一切一样，这意味着为政府工作的人们将得不到一分钱的报酬，而他们挨饿的家人促使他们去获得用合法渠道无法得到的东西。

宣布破产之后，政府通常会进行短时间的"改革"，以整治在殖民地的每块土地上出现的日益猖獗的营私舞弊现象。但是，所谓的改革从未触及这些邪恶现象的实质，它们阻碍了海外领地应有的繁荣昌盛。这种邪恶的现象就是我们今天所说的"在外地主收租制度"（absentee landlordism）。

当事情到了无法容忍的程度之后，政府偶尔也会大胆地朝正确的方向迈进一步。它会建立几个新的行政中心，或者创建几个高等法院来处理边远辖区的地方事务，以此减轻圣多明各最高法院的负担。然而，西班牙统治近半个世界的几个世纪里，马德里始终没有意识到应该把西印度群岛事务委员会设在殖民地，以便让委员们看一看问题到底出现在哪里，应该如何进行必要的改革。

当然，在18世纪开始独占北美洲大片土地的英国人也面临着同样的问题。但是，在另一方面，英国比它的南部邻居——西班牙，处于一个更具优势的地位。所谓的新英格兰，事实上的确是一个新的英格兰。老英格兰的一部分被移植到了北美洲的土地上。而新西班牙，尽管你能在地图上找到这块殖民地，却与老西班牙迥然不同，它仅仅是一块殖民遗产。尽管在那里土著人学会了几句西班牙语，也摒弃了活人祭祀的陋习，但其他方面的情况却与白人到来之前没有多大的差别。但在西班牙人看来，这正说明西班牙的情况比英国好。西班牙没有受到宗教改革的冲击，没有由于不堪忍受政府迫害而背井离乡、来到地球另一半的新教徒。这些移民来到美洲并不是为了一夜暴富，然后便匆匆还乡。他们来到这里是为了寻求一块安居乐业的土地，自由独立的精神使他们渐渐地成为一个新的民族。到18世纪中期，出现了两种不同的英国人：旧大陆的英国人和新大陆的英国人。当伦敦政府接连犯下的错误使殖民地居民宣布独立，并决定以独立的民族建立自己的事业时，新大陆上的英国移民们和他们的后代将冒险变成了现实。

而在西班牙，情况却截然不同。这里没有发生政治动乱和宗教迫害，从而迫使一部分人到另一个世界寻找新的家园。的确，在16世纪，西班牙人驱逐了所有的犹太人。但是，那些16世纪《纽伦堡法令》的牺牲品们没有逃亡到美洲，因为即使在那里，他们也要受到宗教法庭的制裁。他们大多数人逃到了低地国家①。而英国从13世纪起就向犹太移民关闭了国门，直到克伦威尔时期才向那些可怜的难民表现出些许的仁慈。

---

① 低地国家，特指荷兰、比利时和卢森堡，因其海拔低而得名。

虽然伊比利亚半岛上也有农民、手工匠人和小商人们（他们是构成到北美大陆移民的主要社会阶层），但他们没有充分的理由一定要背井离乡，去其他的地方重新开始生活。尽管土地贫瘠，生活艰难，但他们知道新大陆的生活也并不比这里强多少，也许会更糟糕。因为那里的土地还是一片处女地，气候不适合白人居住，无影无踪而又无处不在的土著人早已在箭头上涂好了致命的毒药等待着他们。他们很清楚，除非拥有大笔的资本，否则发迹的可能性微乎其微。在新西班牙，那些成功的人，要么有大笔资金，要么有皇亲国戚，然后才可能占有广阔的土地，建立起由奴隶们为其耕种的大片种植园。

我谈及的是一个让人不愉快的话题，一个与人类历史一样悠久的话题，一个无论对主人还是仆人都是灾难性的话题。但是，这个话题不可避免，它对整个美洲有着重大的影响。

在这里，我必须承认这一事实。在过去的许多年里，由于对哥伦布统治时期圣多明各的悲惨状况和早期西班牙征服者表现出来的野蛮残暴记忆犹新，我和现在许多人一样，错误地认为西班牙比其他任何国家对待印第安人都残暴。但是我发现我错了，而且我逐渐了解到真相。毫无疑问，在美洲，西班牙殖民地的情况至少在最初的时候是很糟糕的，这是不争的事实。但是，我们应该看到哥伦布作为市政长官并不称职，偶尔代替他行使职权的兄弟也同样不能胜任这项工作；我们也应该看到教堂林立的圣多明各其实是一个堕落之城，因为那里聚集着西班牙最邪恶的分子；我们更应该记得征服墨西哥和秘鲁的人都是一些粗野的刽子手和强盗。但是，让我们感到惭愧的是，我们应该记得最早到达我们北海岸的人们是如何对待当地的土著居民的。土著人天真地以隆重的礼仪欢迎我们的父辈们，如果没有他们的帮助，我们的很多父辈们早就饿死了。但是，北方的白人们却对他们红皮肤的兄弟们大开杀戒，直到土著人所剩无几，而这些屠杀行径竟然没有受到其精神领袖们的指责。然而，西班牙的教士们却可以永远感到骄傲的是，他们曾经不仅有勇气大胆公开地痛斥那个灭绝人性的野蛮制度，而且尽其所能地去改善那些不幸的红皮肤土著人的命运。

在新大陆对待土著人的野蛮行径很快传到了欧洲。教会得知此事后，首先站出来保护印第安人的权益。它提出的理由是：尽管愚昧的野蛮人全身赤裸，脸上涂抹着在欧洲只有女子才涂抹的油彩，但他们毕竟也是人，也有不朽的灵魂和接受基督教善缘的权利。只要他们能够认识到自己的错误，愿意接受正统宗教的信条，他们将同基督徒一样得到被拯救的机会。因为，圣彼得对种族和肤色没有偏爱，他所要求的条件完全不同于代表大多数优越地位的白种人的权力机构。

有关红皮肤印第安人（他们现在不仅被剥夺了房屋和家园，而且还失去了自由）悲惨遭遇的报道果然产生了效果，几艘满载着跃跃欲试的修士们的船只远渡重洋来到了新大陆，很快在新大陆的每一个角落都可以看到不屈不挠的基督教徒的身影。是他们，带着传播西班牙文明的使命，最终征服了新大陆。他们直接与土著人打交道。尽管我们不大清楚他们采用什么方法，但他们做到了那些拿着刀枪的官员没有做到的事情：他们使新西班牙成为了老西班牙文化的一部分。

例如，美洲大陆中部的那个奇特的国家，就是过去四千年来治国之道最有趣的试验地。尽管它在西班牙皇室管辖之下，但它实际上非常独立，由耶稣会会士创立并管理。这个广阔的国家创建于1605年，大致包括今天的巴拉圭，它比西班牙和巴西①其他的殖民地管理的都好。甚至在一个半世纪以后（1750年），当耶稣会会士被迫向巴西的葡萄牙人交出他们的管理权时，当地的土著居民还自发地联合起来支持他们的教

① 疑为此处是作者的失误，巴西应改为葡萄牙。

93

士领袖。但是，他们的努力无济于事，西班牙和葡萄牙的联合力量太强大了，耶稣会会士们不得不向葡萄牙人投降。土著人很快（快得令人吃惊）又回到了从前那种任人摆布的生活中。所有的道路和村庄消失了，巴拉圭又沦为不开化、不道德、经济落后的地方，就像现在新大陆的其他地方一样。

还有不少的例子可以证明，那些匆匆赶往南美大陆带着不同使命的传教士们极其认真地履行自己的职责，始终扮演着那些红皮肤信徒的保护者和监护人的角色。在处理所谓的"土著人问题"上，他们远远比政府派去的官员取得的成效更大。对待无论地位多么卑微的同胞，他们都有着与生俱来的尊重和爱心。他们成功的部分原因是因为，在当时，教会是唯一懂得我们今天的所谓应用心理学这门科学的机构。那些传教士大多是普通人，但这并不妨碍他们理智地履行自己的职责。即便他们是来自西班牙落后地区头脑简单的乡巴佬，但他们属于一个已存在了整整15个世纪的组织，这个组织对人类灵魂有着透彻的研究。传教士们了解（至少善于了解）为什么人们向他们寻求劝导和安慰。在很短的时间内，他们就调整了在家乡所采用的方法，以适应他们照管下的教区的野蛮人。他们在当地土著人心目中的地位是如此之高，甚至在今天，在经历了无数次革命之后（有些革命将矛头直接指向宗教），南美大陆仍然是天主教最为坚固的堡垒之一。

同样，这些福音的传播者大多数出身于西班牙的农民家庭，从孩提时代起，他们所受的教育就是君权神授的安排，真正的基督徒是永远不应对此质疑的。这种教育使他们成为对皇室忠诚的子民，而这种教育对那些开明人士（总是提出一些让皇室尴尬的问题）却丝毫不起作用。甚至在大部分南美国家获得独立之后，传教士中的不少人对西班牙皇室仍然忠贞不渝。尽管他们有保守倾向，不愿意进行新的尝试，但他们作为人，与那些在发现美洲后的头半个世纪里匆匆赶往新大陆的其他西班牙人相比，却始终高高在上。正是这些修士们最先采取措施改善可怜的土著人的境遇。在这之前，只要土著人有反抗，就会被抓去喂狗或扔进主人的鱼塘活活淹死。

最著名的保护土著人利益的传教士叫巴托洛梅·德·雷·卡萨斯，后来人们尊称他为印第安人的使徒。1498年，圣多明各刚刚建城几年，20多岁的雷·卡萨斯在父亲的陪伴下第一次来到圣多明各，不久返回西班牙。1502年，他重返美洲，来到海地。之后不久他被授予牧师一职。

雷·卡萨斯的真正生活从这时开始了。之后50年的时间里，他始终致力于让他所深爱的印第安孩子们免受其西班牙同胞们的欺凌。他不懈地努力，通过立法，保护庄园（富有的地主们所拥有的大庄园）里的农奴们不受其西班牙主人的欺辱；他促使皇室颁布法令，禁止继续将自由的印第安人沦为奴隶；他甚至曾经一度创建并亲自领导了一个殖民地，目的是为其他殖民地做榜样。在他创建的殖民地里，印第安人拥有完全的自由，同1822年获得解放并被送回到非洲独立的利比里亚共和国的美洲黑人所享受到的自由一样。

在从事这些受人尊敬的活动中，雷·卡萨斯乘着风雨飘摇的小舟，远涉千山万水，历经万般险阻，饱受疾病的折磨，与官方的权力机构进行不屈不挠的斗争。直到生命的最后时刻，他都坚定不移地站在印第安人一边。甚至在他八十岁高龄的时候，他还专门赶往英国，因为他听说美洲的西班牙殖民者上书正在英国的腓力二世国王，请求陛下允许他们将南北美洲所有的印第安人沦为奴隶。

在这位伟大、正直的教士的生涯中，曾有一次（当时他是隐修会神父委员会的负责人）被派往新大陆调查印第安人所受到的不公正待遇。经过调查，他坚信拯救印第安人于灭顶之灾的最好办法就是用非洲黑人来替代印第安人。我们都知道黑皮肤的非洲人是一个比浅肤色的印第安人更能吃苦耐劳的民族。他们能从事最艰苦的体力劳动，工作寿命长达十年到二十年，而普通的印第安人在矿场或农田做工几个月就可能因疲劳过度而死亡。经过审议，委员会通过了这项"人道慈爱的提议"，宣称通过这种方式可以解决印第安奴隶制问题。但是，正是因为委员会的这个决定导致了美洲大陆黑人奴隶制的诞生。

好心却误入歧途的巴托洛梅·德·雷·卡萨斯，在他的余生中（他终年92岁），肯定要为他的所作所为懊悔不已。当非洲黑奴可以自由地被贩卖到西属美洲殖民地的消息一传到欧洲，海运立刻繁荣了起来。船只上装载的不再只是普通的货物，而且也装着人。黑人男子和妇女，像动物一样被用铁链拴在一起，遭受惨无人道的虐待，其中大部分人在被贩运的途中就死掉了。

当时占领着非洲的葡萄牙人近水楼台先得月，首先抓住了这个以最少的投资牟取暴利的机会。阿拉伯人也不遗余力地卷入了这桩丑恶的交易。他们深入到非洲的腹地，从土著人首领手中买下"货物"。顺便说一句，土著首领对待他们部落的臣民门，就如同海赛小说中的伯爵领主们在美国独立战争时期将其农民卖到英国当士兵一样。弄到足够多的黑人后，阿拉伯人便把他们的"货物"赶到海边，手里捏着现金的葡萄牙人正在那里等着他们。一艘艘船只装满后，便启程驶往加勒比海。在那里，西班牙的中间商将负责下面的分销。

尽管在途中黑人的死亡造成了一定程度的经济损失，这种交易的利润仍是非常可观的，以至于每个国家都想捞一笔，哪怕冒着被象牙海岸的葡萄牙总督或他在安哥拉的下属绞死的危险，他们也愿意铤而走险。

让我感到惭愧的是①，荷兰人在一开始就加入了这种谋取不义之财的勾当，他们对待奴隶的残酷程度绝不亚于葡萄牙人。

最终，几乎所有的欧洲国家都卷入了这场巧取豪夺之中。直到19世纪初，买卖人口牟取暴利的罪恶贸易才被制止。就是在那时，英国海军的大部分兵力花了若干年的时间才在海上彻底地消灭了奴隶贩子。当时，奴隶贩子为了躲避搜捕常常是将他们的"活货物"扔到海里淹死。

阅读西班牙在新大陆的历史让人心情沉重。但是对祖先们在新大陆的可怕行径，西班牙人却振振有词："你的指责或许是对的，发生了这样的事情让人遗憾、羞愧，但我们还有巴托洛梅·德·雷·卡萨斯，我们早你们三个世纪就有了这样的人物。"

既然西班牙人说得头头是道，可为什么在他们统治新大陆的历史时期却铭刻着那么多的悲剧和不公呢？

历史上，甚至在日常生活中，任何事情的产生都不止一个原因。高楼不会顷刻间倒塌化为泥土，帝国不会在一夜间灭亡，家庭也不会一天就破裂，总会有些不一而足的原因，每一种原因都会对最终的结果产生或大或小的影响。但是，每一种原因到底是如何产生影响的，就很难说得清了。所以，现在当我坐下来，试图找出一些事情的根源时，我感到忐忑不安，因为我知道无论我怎样努力试图做到公正，我还是可能会出错。

在前面我已经提到了西班牙殖民地落后于其他地方的一个重要原因，那就是本国政府万事一手包揽，并一贯扼制任何形式的个人创新。

①作者是荷兰裔美国人。

有时，为了贯彻这一方针，西班牙皇室的所作所为几乎达到了令人难以置信的程度。例如，皇室不允许修建公路，致使各省之间的交往极不方便，这甚至导致荒唐的后果。比如说从卡塔赫纳（位于现在的哥伦比亚）到西班牙的塞维利亚或是加的斯要比从卡塔赫纳到仅仅几百英里之外的加勒比海沿岸的任何其他港口要容易得多。

西班牙政府顽固地坚持集权制也大大影响了官方公文往来的速度，这一点很快成了全世界的笑料。一年中有两次——春天一次，秋天一次，一只巨大的商船舰队，在战舰的保护下往返于西班牙和南美洲，舰队也负责运送邮件。但是，殖民地的官员们总是马虎地回复公文，有时一封加急公文几年后才得以回复。还有，多数情况下，一些公文被毕恭毕敬地束之高阁，被遗忘上百年。

此外，没有什么原因迫使大量的西班牙人放弃家乡的一切去新大陆碰运气。当然，还有很多其他因素阻碍了南美洲的正常发展，使这样一块有着广袤土地和丰富资源的大陆没能得到它应有的经济和政治地位。

另外，西班牙政府在16世纪至17世纪长期处于半破产的状况，使得它很难供养足够的士兵和水手来保护殖民地免遭来自四面八方的敌人的进攻。胆大妄为的海盗们垂涎于几千英里长的海岸线，甘愿铤而走险，哪怕是被送上断头台。西班牙政府自知没有能力保护海港，受加勒比海上英、荷海盗的洗劫，所以下令将所有的省府都建在远离海岸的地方，以躲避突袭。

这样做是安全了，但是却造成了很多的不便。所有销往母国的货物（不允许其他形式的贸易）都要先在河口卸货，然后运到几百里外的内陆地区贮存。待安排好了开往母国的船只后，再把货物放在人和牲畜的背上，步履沉重地驮到海边。可有人尝试过在这么多困难的情况下做生

　　殖民地的官员们总是马虎地回复公文，有时一封加急公文几年后才得以回复。还有，多数情况下，一些公文被毕恭毕敬地束之高阁，被遗忘上百年。

意吗？

现在，让我们再来探讨一下为什么这块如此富饶的土地从未兴盛起来的最后一个原因。当我们有时对南美洲和北美洲文化根深蒂固的差异惊诧不已的时候，我们应该清楚，相对于北美洲而言，南美洲更为古老。在第一批移民出现在波士顿和新阿姆斯特丹之前很久，西班牙文化已在南美洲扎下了根。南美洲的许多教堂和公共建筑建造了100多年之后，亨利·哈得孙才发现康尼岛，还误把以他的名字命名的河口当作是通往太平洋的捷径。

几乎完全与世隔绝的一个半世纪足以使一个全新的西班牙文化在这个人烟稀少的偏远山谷里生根发芽，长成参天大树。我之所以强调这个事实，是因为要了解西蒙·玻利瓦尔把自由带给南美大陆人民要战胜多大的困难，就必须先了解这一点。

乔治·华盛顿（天知道，把13个小殖民地统一在一起，他要克服的困难就已经够多了）领导的是差不多同属一个种族的人民，可玻利瓦尔却必须面对有史以来第一次在同一面旗帜下革命的各族人民。

谈到在玻利瓦尔的政治活动中发挥不同作用的群体和阶级，首先要提到的是克里奥尔人。他们是几个世纪以前来到南美洲并由于某种原因而定居下来的白种人的后裔。最初，西班牙当局曾幻想靠鼓励白人移民和当地酋长的女儿通婚的方式来繁衍出真正意义的新"南美人"。可这样的联姻措施很难成功，因为印第安人（甚至那些被认为已经建立了自己文明的墨西哥和秘鲁的印第安人）仍处在人类进化过程中的野蛮阶段，仍然用活人祭祀，比其石器时代的祖先进化不了多少。

因此，企图为南美大陆提供一种新的、外来的欧洲人和原有的土著人混血的居民的尝试从一开始就注定要失败。印第安人比白人更早地意识到了这一点。他们对新主人的文明一点也不感兴趣，迅速消失在无边无际的丛林中，从此不见了踪影。

那些没有被用于这个有趣试验的其他白人移民又怎样了呢？虽然人数不多，但在那么长的时间里总会有些人来到新大陆。他们中的大多数人，尤其是最初到来的人，无疑是渴望赚得一笔可观的收入，然后返回祖国，去过温饱舒适的生活。但是，大多数人的下场就犹如对电影着了魔，长途跋涉来到好莱坞的男孩儿女孩儿们一样。最终，他们连返程的车票钱都没有挣到，只能留在了那里，找到什么活就干什么活，尽量弥补这笔不划算的交易的损失。

少数运气稍好的一些人，将他们的钱投资到当地的不动产，成为了小种植园主，因为只有富人才买得起大种植园。由于与祖国失去了直接的联系，事事都要自己处理，这些移民慢慢地形成了自己的社会习俗和经济标准。几个世纪之后，他们的生活方式已独具特色，与西班牙的文化已经完全不同了，就像康涅狄格州的美国佬的文化与约克郡人的文化、加拿大法语区的文化与法国本土的文化完全不同一样。

我这里说的不是那些毕生从事低等工作的不幸的人们——鞋匠、面包师、屠户、教堂司事、小学校长等。他们自知必须辛勤劳作，才能维持生活。穷人们总是很不走运，对于这些可怜的人来说，在波托卡贝洛的贫民窟里生活和在马德里的贫民窟里生活是没有区别的。在那个时代，人们普遍接受的事实是，大多数人生来就是给那些比他们高贵的人服务的。这些不幸的人们营养不良、疾病缠身、精神崩溃。他们做梦都不会想到要反抗无情奴役他们的贵族，结束自己的奴役状态。因此，这个社会阶级——中下层阶级，不可能成为革命的潜在力量。

每一次革命的成功都离不开民众的支持，这是毋庸置疑的事实。但是，

在舰队之间没有发生大的变化。

民众就像歌剧中的合唱演员一样，只扮演次要角色。如果从你的祖上六代或八代起就吃不饱肚子，你就不可能精力充沛地、勇敢地与训练有素、给养充足的警察或军队打仗。所以说，几乎每一场革命的真正领导者都来自社会的上层阶级。他们的经济保障和世代相袭的地位优越感孕育了其独立意识和反抗精神，使他们萌发了革命的念头并甘愿冒险，而这正是与当权势力对抗的不可或缺的武器。

美国独立战争就是一个典型的例子。13个殖民地武装力量的总司令是北美大陆最富有的人；杰斐逊是一个有钱的农场主；波士顿煮皂工的儿子本杰明·富兰克林事业有成，收入丰厚；亚当斯夫妇家境宽裕；吉米·麦迪逊的父亲尽管不很阔绰，但还能送儿子去读普林斯顿大学。总而言之，正是欧洲贵族精神中的精华跨越过海，成为了大洋彼岸民主革命的利剑。

同样，真正点燃法国大革命火焰的领导者们也毫无例外地是来自舒适的有闲阶级。当他们从前台退到幕后之后，下层民众才有机会参加革命。新尼德兰反抗西班牙的起义是由一位具有荷兰皇室血统的王子领导的。甚至我们谦恭的朋友列宁也绝对不是一名无产者（许多人仍这样认为），他出身于古老的俄罗斯帝国的一个小贵族家庭。推翻英格兰斯图亚特王朝统治的克伦威尔毕业于剑桥大学，他的祖辈曾娶过国王亨利八世的一位叫托马斯·克伦威尔的大臣的妹妹为妻。

要打破两三个甚至十几个世纪以来一直被认为是完美无缺的政府或经济体系，需要极大的勇气、决心、独立精神和行动。然而，这样的勇气和决心是从那些终日食不果腹，从小受到的教育就是对那些被约翰·亚当斯称作"富有、高贵、杰出"的人屈服顺从的穷人身上根本找不到的。

很快，我就要向您介绍我们的主人公——年轻的西蒙·玻利瓦尔了。他也是南美洲最有势力的家族之一的后裔。然而，在这些西班牙政府派往管理新大陆的官员们的眼里，他不是贵族。因为他出生在美洲，只是一个克里奥尔人。甚至最棒的克里奥尔人，与出生在西班牙的西班牙人（他们在新大陆的服务期结束后将会立即返回祖国）相比，最多也只能排在第二位。

这种状况导致了一种奇怪的社会等级排列，使得在美洲出生的西班牙人感到不舒服，蒙受了耻辱。我们很能理解他们，因为在北美也存在着同样的情况。很多在美洲出生的欧洲人的家庭财富日渐积累，甚至比统治他们的西班牙官员们生活得更富足、更奢侈。这就导致了政府官员不遗余力地利用每一个机会让这些克里奥尔人感觉到他们社会地位的低下。

当地出生的西班牙人便以炫耀财富作为反击。他们生活的舒适程度是西班牙官员们所望尘莫及的。他们的孩子可以得到良好的教育，只要有可能，这些当地的"贵族"们就把他们的儿子送往欧洲的大学去接受更好的教育。他们的妻女仍然按照《提摩太书》第二章的戒律生活。女人所受的教育仍然是其天职就是保持沉默和顺从。无论何时，女人都不能篡夺男人的权利，必须默默地生活，必须以忠诚、慈爱、圣洁作为行为的准则。

虽然圣保罗教导女子在公共场所要面露羞涩、持重检点，不要戴头饰、珠宝首饰，穿华丽的服装。但不用说，这些富有的年轻女子很容易忽略圣保罗的教诲。她们知道父亲会给她们丰厚的嫁妆，她们热切地追逐巴黎首席时装大师的最新动态，绝不落后于世界其他地方的女人。她们就像土耳其后宫或中世纪古堡里的女眷一样被层层地保护着，她们快乐、无忧无虑，尽享美好生活。如果通往更多的个人自由的唯一途径就是嫁一个好人家的话，那当然很好！她们会嫁给父母、祖父母、叔父或姨妈为她们选定的丈夫。通过这种方法获得一定的自由，她们就可以自己安排最合适的生活。

很自然，正是在这个社会阶层中，在这群有钱但却被排斥在政府大门之外的西班牙后裔之中，产生了最强烈的反抗现有社会秩序的情绪。他们清楚地意识到，不管他们在自己的圈子里多么的富有、聪慧、有权势，他们也只能是二等公民。他们不喜欢这样。

在我最近写的《托马斯·杰斐逊》一书里我也谈到了类似的话题。北美大陆的最初定居者也因低人一等而感到愤慨，只是欺压他们的是英国人而不是西班牙人而已。就连历史上最有耐心、最具忍耐力的人——乔治·华盛顿也曾失去耐心，因为当身为殖民地军团总司令的他解救了一名因无能而陷入困境的王室军队的军官之后，却招来了那个小中尉莫名其妙的傲慢之辞。当托马斯·杰斐逊发现拥有独立主权的美利坚合众国的代表在伦敦竟受到了像被带到国王面前的乡巴佬般的待遇时，一向处世达观冷静的他也会勃然大怒。

只要不满情绪仅限于单个的小社会团体之中，这样的阶级歧视相对来说就不会导致危机。但是，世界在发生着日新月异的变化，在18世纪法国启蒙思想的影响下，世界各国的人民都在觉醒。人权、自由、人人平等的惊世骇俗的新思想与波旁王朝（继承了18世纪的西班牙哈布斯堡王朝的衣钵）的统治思想格格不入。统治者唯恐有朝一日这种危险的激进思想会跨越广阔的大

对于普通民众而言，无论如何，内战都不是一件好事。

西洋。一旦被出生在美洲的西班牙人所接受，后果将不堪设想。

当然，危险并非迫在眉睫。法国《百科全书》（集中了18世纪启蒙思想的基本观点）跨越大西洋、出现在南美洲尚需时日。波旁王朝的唯一目的就是保持原有的社会结构，反对任何形式的变革，把任何胆敢改变世界的人关进监牢。但是，他们也清楚地意识到无论如何阻挠，新思想还是会被传播，到那时，一切用心良苦而设计的思想、社会和经济制度都将彻底结束。

亲爱的读者，这就是我们的主人公西蒙·玻利瓦尔登场时的社会背景。当然，表面看，一切都是老样子：国王仍坐在宝座上；总督还待在总督府里；市长仍在市政厅内办公；主教继续管辖着他的教区，教士们拥戴并听命于他；教师仍在教导着学生；面包师在烤制面包；蜡烛工在制作蜡烛；刽子手仍司其职，"侍奉"着死囚；雨水从天而降，浇在好人也浇在坏人的身上……

可是，暗地里，一种新的精神正在孕育之中，它孕育在对过去年代里腐朽没落思想的与日俱增的、无法抑制的愤怒之中，由于没有更贴切的称呼，我姑且称之为美洲精神。

07 一个爱刨根问底的富有的年轻人

西蒙·玻利瓦尔生于1783年7月24日，这一年正是英国与美国宣布停战，签署《巴黎和约》的一年，美国从此成为了一个独立、自由的民族。他逝于1830年，那时安德鲁·杰克逊已任美国总统。玻利瓦尔的一生很短暂，仅活了47年。在经历了各种艰难困苦，对未来失去信心之后，他在生命的最后一刻绝望地说："如果我的死亡能够帮助我完成我活着的时候没能完成的事业，那就足够了！"但实际上，他已经很好地完成了自己的历史使命。

面对周遭的混乱，西蒙·玻利瓦尔自己也认为"那些为争取南美洲自由而奋斗的人们只不过是在大海里捞针罢了"。但是，后来人并不这样认为。南美洲兄弟邻邦的自由就是委内瑞拉杰出的儿子西蒙·玻利瓦尔一生理想的实现。

玻利瓦尔同时代的人们并不总能理解他。在很多时候，他们缺乏远见卓识，没有理想追求，这无疑使西蒙·玻利瓦尔为争取他们的幸福、建立一个更强大美洲的宏图大志遭受挫折。什么是更强大的美洲呢？除非我们纵观历史，总览全局，否则就难免犯下管中窥豹的错误。尽管玻利瓦尔考虑和采取的行动都是从整个南美洲的利益出发的，尽管他对其他人（他不得已必须打交道的人）所推崇的"教区政治"深恶痛绝，但实际上他仅为南美洲大陆一小部分地区争得了自由。然而，一旦他竖起了自由的旗帜，这面旗帜就再也没有倒下。在他生命中最后的那些痛苦的日子里，他回首一生，认为自己所有的努力都是徒劳无功的，自己是一个彻底的失败者。但我们比他自己更了解他的成就，我们敬仰乔治·华盛顿，因为他建立了一个独立的国家；而西蒙·玻利瓦尔却为6个国家争取到了独立。

我们故事的主人公是一位谦逊的君子，如果您想把他收录在《名人录》里，请他为自己写一篇自述，他可能会这样写：

我出身豪门，出生的时候，不仅嘴里衔着一打儿金汤匙，连手里也握着好几把。从小我就享受着财富和社会地位所带来的诸般好处，从不用担心明天该怎么过。我娶了一位有钱的姑娘。当我去欧洲旅行的时候，连教皇和西班牙国王都乐于接见我。后来，我失去了所有的财产，过着食不果腹、衣不蔽体的日子，但我是心甘情愿地放弃了这些世俗的享受的。人们因我放弃世俗享受而称赞我'品行高尚'，这个好名声从此与我的名字连在了一起，但我认为这不值得赞扬。

我不是傻瓜。我知道金钱的价值。我明白拥有一个能养育儿女、款待亲朋好友的家是多么的重要。但是，像托马斯·杰斐逊一样（遗憾的是，我未能与他本人相见），我终生热爱自由。当我的祖国在听任一个不是由我们自己选择的政府摆布时，而我却无所事事，这会让我感到万分痛苦。

我对西班牙国王陛下派来的目空一切的总督们有着根深蒂固的鄙视。一旦我们争取到了自由，我（又一次像北美洲伟大的托马斯·杰斐逊一样）坚决反对称呼我们共和国的领袖为国王的观点。尽管我本人可能会拥有这个头衔，但我只想作为一个解放者被人们熟知和铭记，我认为这样的认同是同胞们给予一个人的最高荣誉。

非常遗憾的是，我的许多理想没能实现。但是，像一名忠诚的战士一样，我至死忠于自己的信念。年轻的时候，我曾登上罗马的圣山。在光辉的罗马共和国时代，平民们曾在那里集会，反抗傲慢腐朽的贵族们的压迫，维护自己的权利，正是在那里，我立下了自己的信念。

当然，这段自述是想象出来的，可最后一段中所谈及的事件是真实的。我们不妨就从这里开始讲述西蒙·玻利瓦尔的生平吧。那些有识之士们总是因某件或某些事情对他们产生了影响，使他们去改变历史的进程。同样，1805年的夏天，当年轻的西蒙·玻利瓦尔登上了罗马城外的圣山之后，他也遇到了同样的事情。

他并非独自前往罗马，而是在一名家庭教师的陪同下进行这次旅行的。因为对于当时参加"大旅行"的上层社会的年轻人而言，家庭教师就像信用证一样是不可或缺的。在某种程度上，这位家庭教师很像狄更斯笔下的一个人物。从他同时代的人对他的描述中我们可以看出，他可以成为尊贵的塞缪尔·匹克威克①阁下探险队的一名理想的队员。一个世纪以前（指19世纪），尊贵的匹克威克阁下带领着这些勇敢的探险队员们进行了那次著名的探险远征，并结识了塞缪尔·韦勒先生和许多其他在四驾马车时代频频光顾英国乡村的可爱的人们。

这位不起眼的小人物叫西蒙·罗德里格斯。人们怀疑他具有"激进主义"思想，因为他是18世纪法国伟大哲学家们的狂热追随者，对人权、人类解放和人类平等被当时的所谓"好人们"所深恶痛绝的其他危险学说深

---

① 赛缪尔•匹克威克是狄更斯的第一部长篇小说《匹克威克外传》的主人公。该书是一部流浪汉小说体裁的作品，写老绅士匹克威克带领以他本人命名的俱乐部的三位成员——年近多情的特普曼、附庸风雅的史拿格拉斯和纸上谈兵的文克尔离开伦敦，到英国各地漫游的故事，它详尽描述了19世纪上半叶英国社会和世态习俗。

玻利瓦尔站在罗马的废墟上，
他发誓要把毕生的精力献给国家。

信不疑。南美洲富有的种植园主们并没有直接受到降临在法国贵族身上的灾难的牵连，但是他们认真地阅读了马德里的报纸。报纸上对这一历史事件令人毛骨悚然的详尽描述把他们吓坏了，无能为力的他们只能为被邪恶的臣民们残酷地处以死刑的路易国王暗暗祈祷，为可爱无辜的皇后的命运真诚地落泪。他们给有幸逃脱这场浩劫的人提供庇护，友善地对待他们，尽管他们发现在落难贵族的身上悲哀地缺少一种更重要的生命品质，而这种品质在遥远的西班牙海外殖民地上仍然存在。他们庆幸睿智的祖先当年英明地决定来南美洲定居，远离欧洲大陆这片是非之地，法兰西上演的罪恶行径永远不会发生在他们的世外桃源里。

将年少的西蒙的教育问题托付给这样一个可疑的雅各宾派激进思想的支持者（在那个时代，人们指责他们不喜欢的观点为雅各宾派思想），遭到了西蒙的许多叔父和婶母的质疑，他们断言这样做是不会有好结果的。但是，在玻利瓦尔的双亲过世之后，负责照管他的那位舅父对小西蒙的教育实在是黔驴技穷了。既然罗德里格斯看起来是一位能对付小西蒙的教师，那位舅父也就没有提任何尴尬的问题便立即雇用了他，让他试一试是否有办法管教这个桀骜不驯的孩子。

如果在今天，西蒙这样的孩子可能会被称作"问题儿童"，我们可以请学校的心理教师帮忙。但是，在1793年还没有心理学这门学科，最好的办法是求助于乡村牧师。小西蒙静静地聆听着仁慈的神职人员的教诲，然后继续以适合自己的方式生活，想干什么就干什么。这对一个将要成为新格林纳达富有的大地主的未来绅士来说是毫无裨益的。他至少应该接受基本的礼仪教育，但直到这个年龄，他仍然顽固地拒绝被任何形式的教育所羁绊。也许最后他会发展到放荡不羁，而放荡不羁的富有的年轻人是会对其生活之地的安宁构成威胁的。

现在我们能够理解，其实小西蒙并没有什么过错，他只是厌倦了走马灯似的更换家庭教师，他们都很蠢，只会教他读写算。他比他们中的任何一个人都聪明，所以他瞧不起他们，像对待服侍他的黑人那样对待他们。

学生瞧不起老师就不会对老师产生尊重和信任的感情，而一开始，对老师的尊重和信任就是教育成功的基础。因此，小西蒙越来越无法无天，很有可能会发展成一个游手好闲的人。他的监护人，一个亲切随和、生活悠闲的绅士，很快就厌烦了外甥和家庭教师之间不停的争吵。当他终于找到一个似乎能影响这个孩子的人时，便马上雇用了他，并庆幸自己终于尽到了责任，终于可以不被打扰地做自己的事情了。

这个对小西蒙的生活产生极大影响的教师，我前面已经提到，叫西蒙·罗德里格斯。当时他在加拉加斯教育部任一个人微言轻的小官，能与委内瑞拉最显赫的家族之一攀上关系，真是好运从天而降。那时玻利瓦尔刚满14岁，他父亲名叫（我早就该告诉您了）胡安·维森特·玻利瓦尔·庞德，母亲婚前叫玛利亚·德·拉·孔塞普西翁·帕拉西奥·布兰科。两人都有着地道的西班牙血统。但是，他们的家族在南美洲定居已经有好几代人了，因而他们被排除了直接参与政府事务的可能。

老玻利瓦尔和他迷人但体弱多病的妻子的生活与他们那个阶级的大多数人别无两样。一年中的大部分时间里，他们住在乡下的圣马特奥庄园。但作为当地贵族中显赫的成员，他们在加拉加斯还拥有一栋别墅。他们会偶尔出现在首府，参加一些重要的社交活动。

胡安先生的妻子——玛利亚夫人，生孩子时受了不少苦。她身体虚弱，还有肺病，因为常年缺少呼吸新鲜空气（人们认为上层社会的淑女不宜呼吸新鲜空气），她的健康每况愈下。但是，从小就生活在那样的一个世界里（18世纪的西班牙殖民地），她知道女人不能期望得到太多的幸福，她对自己的生活很知足。

关于我们故事的主人公的洗礼还有一段神奇的传说呢。这个传说显然是玻利瓦尔成为伟大的民族英雄并迅速被神化之后，人们编造出来的。据说，胡安先生想给儿子起名叫圣埃古，因为洗礼那一天正是圣埃古日，他不仅是加拉加斯城的圣徒，也是西班牙人的圣徒。但是，司职的牧师反对这样做。这位年高德劭的牧师预言说："有一天，这个婴儿会像带领犹太人挣脱外国人奴役的西蒙·马加比一样，给他的人民带来自由，所以我要给他起名叫西蒙。"

在那个时代，一个普通的牧师不仅不可能对名门望族这样讲话，而且在这种事情上，教堂总是尊重父母的决定的。因此，我们不用太在意这个虚构的故事。如果西蒙同时代的人听了这个故事，他们一定会耸耸肩说："那又能怎样？反正这个孩子体弱多病，活不了多久。"

关于未来的解放者西蒙·玻利瓦尔小时候的情况，除了他吃了无数由加拉加斯的医生开的药片和接受了无数次治疗，幸存了下来，以及他喜欢摆弄玩具士兵以外，没有太多要讲的。在这些方面他和其他正常孩子一模一样，只要熬过了易患病的幼年时期，他们就能一直活到老。但成年后，他们很少再碰枪，除非有时出于锻炼身体的目的，打打猎，射杀几只兔子。从母亲那里继承的虚弱体质反而成了塞翁失马，因为小西蒙可以不必拘谨地居住在加拉加斯城里，他被允许在圣马特奥庄园里自由地生活。此时，再没有比农场更好的学校了（除了学不到多少书本上的知识）。很可能是庄园里卑微的奴隶们的生活使西蒙·玻利瓦尔在很小的时候就了解到了他们的生存条件是多么的悲惨（这只是我的推测，因为我们无法确定他那么小的时候发生的事情）。因为，他的大部分时间都是在奴隶的工棚中度过的。他感到在工棚里比在家里要开心自在得多。家里就像一个医院，总有一个病怏怏的女人，永远要保持安静，不停地有人提醒说："嘘，嘘，妈妈在睡觉！"

每当这个时候，小西蒙就会牵出他的小马（他8岁时就学会了骑马），欢快地奔向他的黑人朋友们。黑人们喜欢他，叫他"小主人"。我猜想，他们一定会把他和他的对"肤色问题"缺少开明态度的父亲进行比较。

西蒙很小的时候父亲就去世了。这意味着他将比以前有更多的个人自由，可以做几乎一切他想做的事情。父亲去世后，母亲越来越多地把自己关在房间里。在那里，她或许能感觉到心中的圣人的存在。直到有一天，玛利亚夫人感到体力迅速衰竭，她才叫人把她送到加拉加斯，去等待她知道的那不可避免的死亡。

她再也没能看到她的孩子们。1792年7月，玛利亚夫人死于体力衰竭，死之前将两个儿子和女儿们托付给亲戚抚养。西蒙与前面提到的他的舅父卡洛斯·帕拉西奥先生生活在一起，他的哥哥胡安和几个姐妹被送到了另一位亲戚家。但是，他们一直保持着亲密的联系，特别是一个姐姐在西蒙的事业低谷时，给予了他极大的帮助。

很快，哥哥胡安就到了该学习如何经营庄园的年龄，于是他被送回到了圣马特奥庄园。女孩儿们也都在准备出嫁，这是当时上流社会家庭女孩子们要做的唯一的大事。至此，老玻利瓦尔家的孩子们将结束他们的孤儿生活。不过，有一点没有改变，那就是西蒙·玻利瓦尔独特的个性，这使得他与普通的孩子们十分不同，从一开始就注定他会有自己独特的命运。

前面我已经提过，卡洛斯舅舅为了给小西蒙寻找一个合适的家庭教师煞费苦心。绝望之时，有人向他推荐了一名出色的学者、科学家，但却被怀疑有严重的革命激进思想的人。我们不了解危险的"赤色分子"

西蒙·罗德里格斯父母的情况。但是，像他的学生一样，他自称是法国"自然人"的发现者，让·雅克·卢梭忠实的追寻者。他只承认一位教师，那就是大自然母亲。不过，这位母亲在赋予他外表特征的时候对这个儿子却不是那么慷慨。他身材矮胖、高度近视、举止滑稽，看上去就像漫画中的人物。一贫如洗的他无法在着装上挑三拣四，通常是把一些乐善好施的朋友送给他的各种风格的衣服一起穿在身上。除了滑稽的着装以外，他还拒绝穿鞋子。因为原始人赤足走路，所以他认为让·雅克·卢梭的信徒也应该如此，这使他看上去更加怪诞。有时，或许迫于社会习俗的压力，或许是由于人行道太烫脚，他不得已穿上鞋袜，可那双鞋比他的脚足足大出好几码。但是，他却认为，何苦为这些无聊的小事费心呢？与其浪费时间去弄一双合脚的靴子，倒不如利用这些时间去阅读他至爱的让·雅克·卢梭的书籍。

当这个不搭配的组合——一个富有、高雅、仪表堂堂的、对衣着非常考究的年轻贵族和一个严肃的哲学爱好者，出现在西班牙的土地上时，原本应该相当惹人侧目。但是，18世纪已经是一个表现"个人主义"的时代了，所以像西蒙·罗德里格斯这样一个行为有点怪异的人并没有引起人们太大的注意。尤其是同他一起旅行的是一位高贵、有威望的年轻绅士（尽管玻利瓦尔出生在国外，但他的领地几乎同国王一样多），无论走到哪里，罗德里格斯都受到了哲学家应该享受的尊敬与荣誉。

尽管西蒙·玻利瓦尔是个"殖民地居民"，但到达马德里之后，他很快就感觉到了自己的重要性。他被引见给国王陛下和王后，他们屈尊接见了他。这对皇室夫妇既没有过人的才识，也没有俊美的外表，也许可以说是帝王之家中最不讨人喜欢的一对儿。

年轻的玻利瓦尔还收到了大量的邀请函，请他参加西班牙首府最高贵、最无聊的家庭宴会。对他来说这都是些全新的经历，所以他在西班牙过得很愉快。只有一件事除外——他无可救药地坠入了爱河。这一年，17岁的他坠入爱河而不能自拔，而他所爱的人的父亲恰恰是显赫的、有权势的德·托罗先生。他的兄弟是更显赫的、更有权势的德·托罗男爵，他在委内瑞拉的殷实家产使他们成为新大陆最有影响力的人物之一。当然，作为邻居，他们也非常清楚西蒙的家庭情况，也能看透西蒙的前途。当时女孩的年龄还很小（那时，可爱的女孩才刚刚度过她15岁的生日）。

所幸的是，女孩的父亲是一个通情达理之人。他好像也受到了启蒙思想的影响，尽管这些新观点一直在西班牙遭到遏制。他并没有把这个青年男子拒之门外，也没有把他的女儿送进女修道院。相反，他把男孩请到他的书房，和善地对他说：

"亲爱的西蒙先生，你自己也知道，你和我的女儿都太年轻了，还不知道自己的想法。婚姻是件庄严的事情，是上天的安排。我是过来人，所以我要求你答应我，在今后的一年里不跟我的女儿见面。如果一年后，她仍然想做你的妻子，那时我们再见面，再决定该怎么做。"

双方都严格地遵守了承诺。1801年，西蒙·玻利瓦尔与心爱的玛利亚·特丽萨结婚。婚后，再没有什么理由能把他留在旧大陆了，他立即携妻子回到了委内瑞拉。10个月后，他的妻子病逝，每年发生的黄热病夺走了她的生命。当同龄的孩子们还在学校里读书的时候，西蒙·玻利瓦尔就已经成了鳏夫，没有了家，没有了亲人，对未来的美好希望已经破灭。

为了转移可怜的小伙子的注意力，好心的卡洛斯舅舅督促西蒙再次出国旅行，这次还是由他忠实的秘书、哲学家和家庭教师罗德里格斯陪同。西蒙·玻利瓦尔又一次越洋过海来到欧洲。他去了梵蒂冈，也是最后一次去那里。在访问梵蒂冈期间，他第一次表露出了独立反抗的思想。具有他这样背景的年轻人竟有这种思想确实很少见，让人出乎意料。事情的经过大致如下。

因为玻利瓦尔——这位年轻的委内瑞拉人在新大陆的社会地位，他被赐予拜见教皇的机会。当轮到他去亲吻圣座的脚的时候，他却有意将头扭到了一边，拒绝遵从这个差不多与梵蒂冈的历史一样悠久的习俗。事后玻利瓦尔对他的"大逆不道"行为的解释表明，那时他已经有满脑子自主的新思想了。他简单直率地告诉带他去梵蒂冈的西班牙大使，他对教皇的尊重与否不应该用奴颜婢膝来衡量。

做出这样的反应是最不得体的，因为这已表露出了他对教皇的不敬，而别人献殷勤还来不及呢。不过，与大革命时占领梵蒂冈的士兵们的言行相比，西蒙的反应要温和得多了。好在教皇陛下是一个英明宽容的人，他仁慈地宽恕了西蒙违反礼节的举止。就后果而言，这件事情与几天后发生的事情相比可谓是小巫见大巫了。

那天上午，年轻的西蒙和与他形影不离的老师罗德里格斯一起登上了并不很高的圣山。据记载，公元前494年，罗马的平民曾聚集山顶，反对贵族的统治。在历史的废墟中，年轻的西蒙·玻利瓦尔突然看到了一丝光芒。他向遥远的天穹张开双臂，许下神圣的誓言，无论发生什么，他的灵魂和肉体将不再游荡，他要让他的祖国摆脱外国的统治。

这个故事可能是真实的，也可能是在委内瑞拉获得独立之后人们杜撰出来的。但是，这样的事情完全有可能发生，因为当时玻利瓦尔已经亲自考察了大半个欧洲，对所见所闻十分反感。况且，在所有可靠的有关这位伟大的委内瑞拉人的传记里都讲述了这件事情。

来到欧洲大陆之后，西蒙很自然地选择了马德里作为旅行的第一站，或许是因为他希望西班牙帝国首都的无聊和浮华能够冲淡他的丧妻之痛。然而，皇室警察的所作所为破坏了他对这个城市的印象。马德里的特工拘留了他，因为他们怀疑他与一起委内瑞拉闹独立的阴谋有牵连。特工们在他的身上和行李里没有找到任何可指控他的证据，只好把他放了。这次事件给他留下的印象太深了，如果像他这样一位美洲殖民地上最富有的人都会遭到罪犯般的对待，其他的普通人也只有老天爷能保护了。玻利瓦尔离开了马德里，再也没有去过那个城市。

玻利瓦尔在欧洲的旅行经过是复杂的，因为他不记日记，我们对此的了解相当模糊。他去了罗马，这一点我在前面提过。他也游览了威尼斯，因为威尼斯对委内瑞拉人有着特殊的诱惑。委内瑞拉有小威尼斯之称，这表明最早发现这个国家的可能是一位威尼斯水手。

玻利瓦尔在巴黎逗留了很久。在那个时代，拿破仑是全世界每一个有志青年心目中的英雄。然而，在玻利瓦尔到达巴黎的时候，这个曾经把法国大革命的自由思想传播到欧洲每一个角落的人已经背叛了自由、平等的事业，而自封为法兰西帝国的皇帝。

玻利瓦尔对此无法忍受。他拒绝了参加皇帝加冕典礼的邀请。顺便提一句，另外一个故意远离隆重的庆典仪式的人是拿破仑的母亲。这位老夫人一直忧虑暂时的荣耀最终会给儿子带来什么样的后果，她始终提醒她的儿子，他的做法是愚蠢的，是不会长久的（他当皇帝果然没有太长久）。玻利瓦尔从未见过拿破仑，至于拿破仑在被囚禁在圣赫勒拿岛之前是否听说过玻利瓦尔的名字，我们也无从得知。但是，我们可以确定的是，拿破仑对自由事业的背叛使玻利瓦尔对欧洲大陆的最后一点幻想也破灭了，他整理行装，匆匆离开了欧洲。在欧洲，他学到了他想学的东西，像20年前的杰斐逊一样，他也得出同样的结论，欧洲大陆与新

当时南北美洲还没有通商往来，因为马德里政府不允许外国人同他们的南美洲臣民打交道，他们管理国家的方式就是镇压。

大陆迥然不同，最好各走各的路。

经过短途跋涉之后，玻利瓦尔乘船前往美国，他将亲自去看一看在他出生时拉开帷幕的民主革命在那里进展得如何。

玻利瓦尔在纽约和费城只拜会了不多的几位知名人士，主要原因是他的英语很差，而在美国又几乎找不到会讲西班牙语的人。我们对南美洲大陆所使用的语言的无知完全等同于（如果不超过的话）我们对南美洲情况了解的匮乏。当时南北美洲还没有通商往来，因为马德里政府不允许外国人同他们的南美洲臣民打交道。在文化方面，两个地方互相间也十分陌生，甚至当波士顿的乔治·蒂克纳在撰写长篇巨著《西班牙文学史》（出版于1849年）的时候，他不得不派人去欧洲买词典，因为在美国，一本西班牙语词典也找不到。

北美洲对南美洲的革命运动缺少同情心还有另一个原因。当美国获得了独立之后，国家的财富增长得很快。亚当斯总统所说的那些"富有、高贵、杰出"的人们最害怕的就是社会动乱，害怕平民手中的权利过多。而在北美有传闻说，南美各省因不堪忍受西班牙的统治，社会动荡不安。

那些自认为是新共和制的最有实力的公民们害怕彻底的民主会夺去他们的财富，他们认为除了自己，别人谁都不能闹革命。他们中有很多人在推翻英国国王的统治之后，甚至不敢确定他们做的到底对不对。因此，出生于南美、眼睛里闪烁着反叛光芒的年轻人并不是费城和波士顿上等家庭欢迎的客人。杰斐逊先生肯定会乐于与西蒙·玻利瓦尔先生见面，愿意尽地主之谊，不过没有人引荐他，于是年轻的玻利瓦尔就像到来时一样悄无声息地离开了。

这真是一个遗憾哪！可是，唉！在美国历史上很长一段时间里，我

有爱国热情的年轻人正在商讨
如何救国。

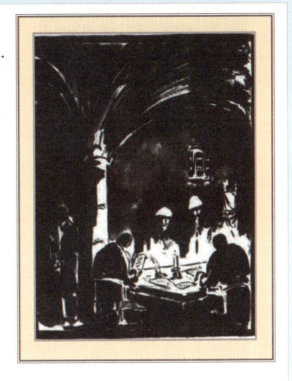

们短浅的目光阻碍了我们与南美之间关系的发展。我们犯下的最大错误
是，在西蒙·玻利瓦尔以生命为代价，为了实现自由而奋斗的20年中，
我们却有意地对他的所作所为视而不见。

08 自由之战拉开帷幕

多年的旅行、观察、倾听和学习之后，西蒙·玻利瓦尔回到了加拉加斯。他处境孤寂，对未来没有具体的打算。不过，他倒是不用为生计而操劳，他年收入2万美元，相当于现在的10多万美元，绝不会饿肚子，况且他不需要养家育子。自从年轻的妻子去世以后，他再也没有表示出要缔结下一段婚姻的意愿。

但是，一个像玻利瓦尔这样思维活跃的年轻人是不可能在南美洲西班牙帝国的一个偏远小镇里终其一生的。那么，他该做些什么呢？他从来都不想从政。他可以进入国家护卫队当一名军官，但那仅仅意味着每当西班牙总督夫人觉得有必要举办一个小型舞会，需要几位额外的舞伴时，他便穿上漂亮的制服，去殷勤讨好总督夫人。

在这段时间里，玻利瓦尔已经意识到，世界在飞速地发生着变化，委内瑞拉也不例外。他坚信只要耐心等待，时机总会到来的。事实的确如此，不过却是他和其他所有人始料未及的。

直到这个时候为止，委内瑞拉历史上只爆发过一次组织得很差的反对西班牙统治的起义。1799年，两名爱国主义者宣布成立共和国。其中一位名为埃斯帕涅的人后来被处以绞刑，另一个人被终身监禁于西班牙。此次起义之后，委内瑞拉一直相安无事，直到一件突如其来的事情彻底地改变了局势，不仅使殖民地，也使西班牙的革命种子获得了萌芽的机会。

1808年，体弱多病的西班牙国王查理四世将王位拱手让给了拿破仑。这位法兰西皇帝任命其兄约瑟夫·拿破仑（家族中的外交官）做西班牙的国王。西班牙人民愤怒地拒绝这位前法国革命政府的成员做他们的统治者。他们不愿与不信奉上帝的"刽子手"打交道，这些人甚至毫无顾忌地绞死了他们天授神权的国王和贵族们。

然而，拿破仑不顾他的新臣民的反对，仍坚持让约瑟夫入住马德里的皇宫。于是，各地的西班牙人公然进行反抗。拿破仑的代表——缪拉将军容不下任何胡言乱语（他也是出身法国大革命时期的暴民阶层），对动乱进行了最残酷的镇压，西班牙的许多爱国主义者们被射杀。

拿破仑对忠于西班牙国王的西班牙人民的凶残镇压，反而使他们比以往任何时候都更坚决地反对侵略者。从伊比利亚半岛各地赶来的代表们聚集在加的斯，宣布摄政时期开始。他们公推查理四世的儿子费迪南德做西班牙及其殖民地的合法统治者，代替其被关在法国监狱里的父亲。

他们没有意识到，此举却给了殖民地那些对西班牙统治不满的人们一个极为有利并合乎法律的机会。这些忠诚的爱国青年所要达到的目的至少是暗地里的独立，他们所要做的就是，宣布臣服于"真正的国王费迪南德七世"，假装听命于他而不是他的父王。由于费迪南德正在被流放期间（这之后不久，他也被拿破仑关进了监狱），他不可能执掌大权。所以，至少在那段时间里，殖民地完全可以掌握自己的命运。英国本来可以插手这件事情，但当时它正忙着在世界上好几个地方与拿破仑打仗，像委内瑞拉这样一个由美洲的小殖民地发生的政治动乱不值得他们去分心。

有史以来，革命者们最擅长的就是浑水摸鱼，而没有比拿破仑战争时期的世界政治之水更浑浊的了。甚至在偏远的委内瑞拉，没有经验的革命领导者们都悟出了这个道理。

当约瑟夫国王的两名代表出现在瓜伊拉（加拉加斯的港口，隐藏在层叠的群山之中）要求当地人民发誓效忠他们的新国王的时候，人们义愤填膺。

"奇耻大辱！"人们怒吼着，"难道就因为我们的君主不能派军队来保护我们，就让我们这些忠诚于他的西班牙子民抛弃他吗？断了你们的念头吧。费迪南德国王陛下才是我们真正的君主，他已经高高举起了西班牙反抗法国侵略的大旗！"

当地人的骚乱气势凶猛，吓得两名法国人仓皇逃回到轮船上，迅速返回了欧洲。尽管没有传闻说委内瑞拉可能会宣布独立，但在这样的局势下，结果是一样的。因为如果被切断了所有后备供应的西班牙总督的权力受到挑战，他根本没有能力控制局面。

但遗憾的是，没有人知道应该如何向总督的权力提出挑战。因为，那些渴望为祖国做贡献的忠诚的青年爱国者，在遇到实际的治国方面的问题时，就像一群幼稚盲从的孩子一样不知所措。他们还没有搞清楚他们要为谁说话，也不知道当他们和总督的士兵之间发生冲突之后谁会支持他们，就稀里糊涂地开始了争取自由的运动。当那一刻真的到来的时候（迟早会到来），当他们面对西班牙的雇佣兵时，他们发现自己竟然孤立无援。只有少数年轻的贵族愿意以任何代价换得自由，包括他们的生命、财产和家人的安危。但是，小土地所有者们很快退出了革命。同样，商人、店主和那些革命成功的最大的受益者们也都退出了。

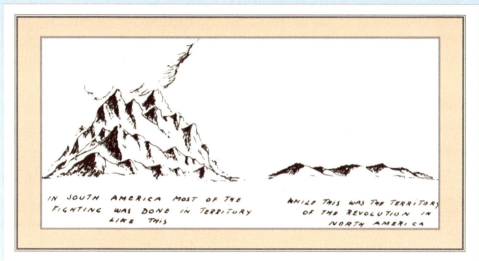

IN SOUTH AMERICA MOST OF THE FIGHTING WAS DONE IN TERRITORY LIKE THIS

WHILE THIS WAS THE TERRITORY OF THE REVOLUTION IN NORTH AMERICA

南北美洲作战的地形。▲

　　奴役几乎不可避免的是自己强加给自己的。委内瑞拉平民的表现再一次证明了这种让人不愉快的说法。他们整日待在家里，没有为解放事业做一丁点儿贡献。年轻的爱国者们总是冲在最前头，他们甚至为祖国的独立发表了一份宣言。不过，著名的《1810年4月19日宣言》影响不大，没有产生长期的效果。这份宣言之所以引人注目，是因为它是南美大陆第一份要求独立的文件。但是，这份文件就像冰山下的篝火，虽然燃起了熊熊的火焰，人们在遥远的地方就能看见火光，可是它很快就熄灭了，持续的时间太短以至于留下的世界比以前的世界更加黑暗。

　　不错，西班牙总督被迫交出了权力，由委内瑞拉政务会接管。但是，所有的人都知道这种局面不会维持多久，除非革命者们能够确实得到某个外国政府的支持，而且愿意并有能力向他们提供财力和人力的援助。

　　出于这样的打算，西蒙·玻利瓦尔因为有丰富的与欧洲国家打交道的经验，被选出去游说诸国，以唤起他们对委内瑞拉民族解放运动的同

　　大规模的起义浪潮席卷了整个南美大陆。1810年5月，西班牙人被赶出了布宜诺斯艾利斯。同年7月，他们又被迫放弃了波哥大市。

情和支持。与此同时，还有另外两名代表被派往了美国。

玻利瓦尔安全抵达了英国的首都，却没有取得任何成效。英国人热情地接待了他，精明的英国商人预测到了在原材料丰富但未被开发的南美大陆上存在着巨大的商机，他们非常赞成在南美洲的每一个角落发生更多、更彻底的革命。

但是，英国政府的态度却极为冷淡，而只有国王陛下和他的大臣们的态度才具有决定性的意义。这真是匪夷所思，因为当时大规模的起义浪潮正席卷整个南美大陆。1810年5月，西班牙人被赶出了布宜诺斯艾利斯。同年7月，他们又被迫放弃了波哥大市。9月，智利也奋起反抗西班牙的统治。同年年底，南美大陆所有的重要城市（利马除外）都把西班牙驻军驱赶了出去。英国的商业集团始终在提醒他们的统治者注意南美洲局势的进展，可他们的努力都没有奏效，只是在浪费时间。

直到1823年，英国政府才最终同意了富商们的观点。英国政府这样做并不是出于对南美洲人民的热爱，而是担心所谓的"神圣同盟"的后果。

缔结于1815年的"神圣同盟"实际上是最不神圣的。它是为了维护旧世界的反动统治才缔结的，由欧洲大革命前的反动势力——俄罗斯的皇帝、奥地利的皇帝和普鲁士的君主所组成。此时，这个同盟正摩拳擦掌准备重新征服南美大陆。

这时，美国也承认了其南美洲邻邦共和国的独立。英国外交大臣乔治·坎宁则担心神圣同盟会取胜，建议华盛顿由英美共同照会马德里，抗议任何可能的外国干涉，以阻止欧洲列强继续大规模地干涉美洲事务。

美国政府不愿过多地插手此事。但是，门罗总统还是在此后提交给国会的年度国情咨文中表明了美国政府应该采取的立场：从现在起，不应该再有任何形式的殖民统治，也不应该发生任何欧洲干涉南北美洲事务的事情。

顺便提一句，该项提议一直没有得到国会的批准，因此也就没有成为可以要求美国参战的正式法律，它只是一条"警告"。不过从那之后，美洲殖民地原来的主人们对这条"警告"却高度警惕。

这是以后发生的事情，现在还是让我们重新回到1810年。那时，英国政府还无意采取后来门罗总统所主张的激进政策。他们婉言告知西蒙·玻利瓦尔，他在英国只是浪费时间，应该返回美洲。

绝望之中，玻利瓦尔采取了一个后来被证明是意义深远的行动，以致从那以后南美洲人再也不能佯装委内瑞拉政务会只是在代理费迪南德国王行事，只要国王陛下回到马德里的皇宫，委内瑞拉人就会像过去一样效忠于西班牙国王。

玻利瓦尔做了这样的事情。他与一位在伦敦流亡多年的委内瑞拉人取得了联系，这个人大约在20年前由于革命倾向被迫逃离南美。这位传奇式的人物名叫弗朗西斯科·米兰达，他1754年生于加拉加斯。米兰达为自由而战的激情曾驱使他专程赶到北美把他的宝剑献给华盛顿将军，并在美国的革命军中英勇作战。后来他计划袭击委内瑞拉的西班牙人，但计划泄露，于是经由美国逃到了英国。

米兰达天生喜欢冒险，走遍了奥地利和土耳其所有的地方，最后到达了俄罗斯。在俄罗斯，这位英俊的南美人深得凯瑟琳皇后的赏识。曾几何时，一支由俄罗斯支持的革命远征军似乎马上就要开往南美大陆。然而，在圣彼得堡的西班牙大使听说了这个计划，在大使的努力劝说下，凯瑟琳皇后放弃了这个计划，米兰达最终被迫离开了俄罗斯。这项可以让哥萨克人行进在加拉加斯的大街小巷里的计划就这样不了了之。

之后米兰达又去了法国，加入了迪穆雷兹将军麾下的革命军。当他有足够的理由认为迪穆雷兹打算向奥地利人出卖革命时，他向巴黎政府发出了警告。但是，他还是被捕了，因为他参与领导了著名的内尔温登大捷，在这次战斗中第一次使用热气球进行观察。被释放后不久，米兰达又再次入狱。直到罗伯斯庇尔倒台，恐怖统治结束，他才逃脱了死亡。

所有这些痛心的经历并没有浇灭米兰达的革命之火。刚一回到伦敦，他立即着手计划下一个可能使南美洲摆脱西班牙统治的行动。由于英国政府对他的计划不感兴趣，他决定去美国碰碰运气。

▶ 西班牙的士兵等待着那只小船。

美国政府的态度与英国大同小异。杰斐逊总统和国务卿詹姆斯·麦迪逊对米兰达不屑一顾，他们正忙于在北美的土地上建立起一个可行的、切合实际的民主体制，自己的麻烦已经够多的了。在华盛顿，唯一愿意聆听（当然是通过秘密的方式）这个阴谋者探讨他的计划的人只有西班牙的外交大臣。他急忙通知国内，密切监视，防止可能来自北部的突然袭击。当米兰达好不容易成功地说服了一个叫塞缪尔·奥哥登的纽约商人借给他钱，装备了一支远征军去试试运气的时候，西班牙国王陛下的士兵已经在那里等候他了。当蓝德号双桅小船在另两只船的跟随下，于1806年3月驶进委内瑞拉海岸的时候，西班牙人已经严阵以待了。60个人被捕获，米兰达本人逃到特立尼达。他的10多个追随者，其中8个是美国公民，被送上了绞刑台。他们的头颅被砍下，在全国各地示众，以警告那些效仿他们、图谋反抗国王、揭竿而起的人。

这一次，一些教士也感到惊慌，他们警告教区的居民：米兰达是一个臭名昭著的邪教徒，是宣扬法国革命理论的危险分子，他回到美洲是为了建立反基督的政权，他不仅要剥夺人们现世的财产，而且还要夺取人们死后获得拯救的机会。

由于在西印度群岛的英国人无意给这位战败的将军任何的援助，米兰达只好又回到了伦敦。在伦敦，他又一次让自己成为永远在策划中的、反对西班牙在南美统治的活动的中心。

有他这样背景的人的确不适合担任南美运动的领袖，因为这场运动仍然披着合法的外衣，仍然在对外宣称他们的目的是把政府再一次交回到受人民爱戴的君主——费迪南德国王的手中。西蒙·玻利瓦尔在英国逗留期间，当他决定向这位深谙革命技巧的高手求教，并建议米兰达迅即回国统领大局的时候，他应该很清楚这一点。

　　有传闻说米兰达投靠了西班牙人，但以后发生的事情无法证明这个猜疑。因为，正当米兰达准备登船前往欧洲的时候，西班牙总司令突然下令逮捕了他，最终他被押解到了西班牙。在黑暗的牢房里，像野兽一样被用铁链锁在墙上，他再也没有见到光明。

玻利瓦尔这一举动的后果是危险的，因为在他与米兰达接触之前，并没有同国内的朋友商量。如果他们知道了，他们肯定会建议他取消其激进行为。难怪当他们二人于1810年12月在拉瓜伊岸出现时，受到了极为冷淡的迎接。后来人们才发现，久经沙场的米兰达纪律严明，对他来说，革命是一件严肃的事情。而当地的爱国者们喜欢演讲，喜欢穿着漂亮的制服到处炫耀，他们大声叫嚷着反对这个"外国佬"，而米兰达则蔑视他们为"巧克力士兵"。米兰达对他们无休无止又无意义的演说失去了耐心。很快，这位自封的救世主与他要拯救的人们之间爆发了公开的冲突。

无奈之下，玻利瓦尔做出了妥协，督促政务会公开承认自己的主张，不要再抱着所谓的代表远方国王执政的愚蠢托词不放，应该向北美的前辈们一样勇敢地宣布独立。虽然政务会同意玻利瓦尔的主张，但他们依旧不停地探讨、辩论。终于，在玻利瓦尔的坚持下，政务会表现出了他们的勇气。1811年7月4日（我们发表独立宣言的25年后），委内瑞拉革命的领导者们宣布独立，并号召其他地方的南美人民也宣布独立，加入哥伦比亚共和国这个新生国家的行列。

尽管是在玻利瓦尔的积极努力之下才促成这样满意的结果的，但令人遗憾的是，《委内瑞拉独立宣言》上没有他的签名。该委员会认为他不够资格享受这份荣誉。玻利瓦尔必须使自己满足于在这出伟大的戏剧中并不让人满意的角色——旁观者，而实际上他才是真正的主角之一。

也许正是因为玻利瓦尔没有在这段时期扮演重要的角色，才注定了这份重要的文件的寿命不会太长久。委内瑞拉的第一次革命彻底失败了，以悲惨的结局收场。又是一个老生常谈的故事：他们对"政治实践"这门高深的学问完全没有经验，他们没能以牺牲个人抱负来达到一个共同的目标。

　　在神圣的星期四这一天，加拉加斯的人们刚刚聚集在教堂，整个城市便开始在有史以来最强烈的大地震中颤动起来。一万两千人死亡，伤残人数从未公布。地震带来的灾难太惨重了，于是人们陷入惶惶不可终日的恐慌之中。

　　甚至连米兰达也不能与玻利瓦尔合作，他同意担任革命军总司令的唯一条件就是不许玻利瓦尔参加即将开始的战斗。于是，骁勇善战的玻利瓦尔主动提出以一名普通士兵的身份上战场。后来，他过世的妻子的叔父德·托罗男爵将玻利瓦尔收在了其麾下，这位酝酿了革命起义的人才得以以军官的身份积极投入战斗。

　　这时，新的难题又产生了。政务会最终通过的宪法把所有的权利都集中在三个人手中。而非常了解其同胞的玻利瓦尔主张由一个人主管强有力的政权，他认为三雄鼎立的政治必定出现混乱（史料已充分证明了这一点）。

　　事情果然很糟糕，所有的人都在夸夸其谈，可没有人行动。西班牙人充分利用了这个难得的机会，重创了德·托罗男爵的军队。

　　与此同时，一些（相当大的一部分）憎恨法国大革命的理论、担心会成为野蛮的加拉加斯人的猎物的人们，开始背弃那些为自由而战的将士们。当国家前所未有地濒临内战的边缘时，他们远远地背离了为自由而战的信念，而自然界的干扰更使得爱国者们业已取得的成绩顷刻间化为了乌有。

　　同年，就在神圣的星期四这一天，当加拉加斯的人们刚刚聚集在教堂，整个城市便开始在有史以来最强烈的大地震中颤动起来。一万两千人死亡，伤残人数从未公布。地震带来的灾难太惨重了，于是人们陷入惶惶不可终日的恐慌之中。

　　对教会来说，这是重新掌权的理想时机。除了为数不多的几次例外，牧师、修道士和修女一直是站在君主制这边的。他们可能对马德里过多地干涉纯教会事务的做法有自己的不满，但他们更焦虑的是可恨的革命思想正在一点点地成长壮大。现在，保守派的时机终于到来了。当大地刚刚停止震动，他们就开始宣扬这个大灾难实际上是上帝授意的，以此来表示他的不悦。神圣的上帝在警示加拉加斯的人们，把带领他们走向地狱之门的坏人赶走。

无知的民众们，几个世纪以来没有接受过公立学校的教育，而这场不幸的遭遇又使他们处于茫然无助的境地，于是他们对教士们的说法深信不疑。之后不久，西班牙的援军到达了拉瓜伊拉，他们发现通往加拉加斯的道路畅通无阻。尽管米兰达做好了防御准备，但一名军官的叛变迫使他请求停战。休战之后，西班牙军队的总司令承诺让米兰达和他的士兵安全撤离。

接下来发生的事情一直是一个谜。有传闻说米兰达投靠了西班牙人，但以后发生的事情无法证明这个猜疑。因为，正当米兰达准备登船前往欧洲的时候，西班牙总司令突然下令逮捕了他，最终他被押解到了西班牙。在黑暗的牢房里，像野兽一样被用铁链锁在墙上，他再也没有见到光明。1816年，死亡结束了他所有的痛苦。这就是米兰达悲惨的一生，尽管他有着这样或那样的缺点，可他永远是南美解放运动中最有特点的伟大的人物之一。

至于玻利瓦尔，在地震发生之前，他与米兰达发生了口角，被派往了很远的一个城市——卡贝略——巴伦西亚的港口，在那里等候米兰达的进一步指示。当然，他的指示再也没能到达那里。

米兰达投降之后，玻利瓦尔意识到不仅争取独立的事业将在很长的时间内被迫停止，而且他的名字一定会很快出现在西班牙政府所通缉的名单里。他只能逃亡，乘船到荷兰的库拉索岛，等待着新的时机的来临。

讲到这里，西蒙·玻利瓦尔拯救祖国的第一幕戏就可以落下帷幕了。在这一幕中，他没能让自己的头顶上环绕荣誉的光环，甚至在结束时他也是被嘘声赶下场的。但是，他仍然年轻，仍然充满活力和信心。尽管他的财产被西班牙政府所没收，他已经身无分文，但是他的名字仍具有可信度，至少还有加勒比海地区的借贷者们信赖他。

当玻利瓦尔听说新格林纳达西部还有一些小规模的起义活动时，他决定同这一小群在卡塔赫纳附近活动的起义者联合起来。他借了几百美元，于1812年即拿破仑在俄罗斯惨败的那一年，又一次踏上了祖国的土地。这是第二幕戏的开始，从此，他的名字永远与这出伟大的戏剧联系在了一起。

09 光荣岁月

　　玻利瓦尔一生嗜爱笔墨。他是经常惠顾鹅毛笔商店的顾客。只要一闲下来，他就会想到还有一些重要的事情要立即告诉他的人民，于是马上拿起笔，开始起草国家文件。

　　这些写给世人的意气昂扬的战斗檄文是否全部都很重要，这一点我不敢妄言。至少我们现在读起来，觉得有一些过于夸夸其谈。不过，我们不要忘记在这一方面（其实在许多方面），西班牙人的品位和我们总是有一点不太相同。但是，正如所有勤于动笔或善于演说的人一样，玻利瓦尔表达了他想要表达的东西，而且做得很漂亮，实际上非常优秀。

　　到达卡塔赫纳之后不久，玻利瓦尔对新格林纳达人民发出的呼吁涉及了他在治理国家方面的见解，这份文件值得我们认真研究，它发表于1812年12月15日，在某些程度上酷似一些著名的临别赠言，例如华盛顿的"告别演说"。所不同的是，该文件是玻利瓦尔事业开始时而不是结束时写成的。由此可以看出，北美人的自由和自治政府的理想与南美人为之奋斗的理想之间存在着很大的不同。

　　当然，我们也不要忘记，玻利瓦尔对南美人民第一次尝试建立独立国家却惨遭失败仍然感到痛心和沮丧。他重申了自己对人权和人民主权的坚定信仰。但是，他认为在行使这些天赋权利之前，一个国家首先要实现的不是写在书面上的独立。面对一个残酷无情的敌人（西班牙的君主专制制度），革命者必须首先学会像对手一样强硬，而不要迷失在过多的理论之中。

语言在枪弹面前是软弱无力的。对付外国暴君训练有素的雇佣军，只有将军没有士兵的军队是必败的。因此，玻利瓦尔呼吁道："不幸的委内瑞拉人民，悔改你们过去的错误吧。首先，学会服从；其次，永远不要宽恕那些背叛神圣的自由事业的人，严惩他们以告诫那些效仿他们可能做出不忠事情的其他人，因为他们知道如果被俘，结果也不过是几年的流放而已。南美洲应该属于南美人民，我们应该把邪恶的外国侵略者从南美大陆的每一个角落里赶走。要实现这一伟大的理想，南美人民要学会抛开一些个人利益，接受自己推选出的领袖的命令。"

诚实地说，玻利瓦尔的这番话并没有什么新颖之处。当希腊人的自由受到贪婪、野心勃勃的马其顿人的威胁时，他们也曾聆听过类似的慷慨陈词。纵观历史，不乏这种本末倒置的事情，很多人在获得自由之前就急着要品尝自由的甘甜了。

玻利瓦尔在《卡塔赫纳宣言》中讲道："一个政府必须学会自我调整，以适应所处的时代和环境。如果所处的是一个繁荣祥和的时代，政府可以是宽容、亲和的；但如果处在危险的时代，政府就必须知道怎样才能激发恐慌和恐惧感。无论法律或宪法是否允许，政府都必须坚定不移地保护国家的安危，直到恢复和平与繁荣为止。如果委内瑞拉人民依政治、军事局势要求，刚刚建立起了一个简单可行的政府后，他们就开始享受所赢得的自由，那么他们就会再次为外国侵略者所奴役。"

从1812年所处的时代来看，这份文件的观点合情合理。在今天，我们完全可以指责它有独裁倾向，但北美的历史已清楚地表明，在民族危机的时刻，必须只能有一个领导者，否则就会失去一切。很幸运，美国人碰巧选择了正确的领导者，乔治·华盛顿和亚伯拉罕·林肯能够领导好专制体制，而没有表露出任何独揽大权的倾向。他们在危难时期接管国家，成功地解决了危机，然后悄然退居平民。

相反，在南美洲，"危机领袖"们大多想获取一个终身的职位。不过，玻利瓦尔的主要观点是正确的。革命如果没有一支常胜的军队永远是不能成功的，而如果每一个下士都有权对长官的决定提出质疑，都可以在战斗中或行军中随心所欲的行动，这支军队就永远不会打胜仗。

当然，玻利瓦尔的敌人将其主张解释为有独裁倾向。他们知道玻利瓦尔是一个有远大抱负的年轻人，是不会甘心屈于微职的处境的，是绝不会容忍无能的人对他发号施令的。对于这种说法，我不敢苟同。要想知道布丁的味道，就要亲口尝一尝。可是每当要亲口品尝布丁的时候，西蒙·玻利瓦尔却总是极其小心地避免别人误会自己在追求比"解放者"头衔更多的荣誉。

从本质上讲，从其出生背景来看，玻利瓦尔是一名贵族。也就是说，他所要的都是最好的，绝不妥协接受次等的东西。但同时，他真诚地信仰自由、博爱和平等这些新思想。与今天的政客们不同的是，他不会过分地渲染"平民百姓"的美德。他明智地认识到，平民百姓不比其他人好，也不比他们差，除非他们下决心坚持某一原则，否则，他们不会取得任何成绩。

据我所知，这就是玻利瓦尔想在著名的《卡塔赫纳宣言》中表达的思想。说完了要说的话之后，玻利瓦尔丢掉手中的鹅毛笔，又一次拿起了利剑。这一次，他不再满足于远离战斗前线的不起眼的小职位了。1812年见证了"常胜将军"拿破仑的败落，也目睹了玻利瓦尔作为军事领袖的崛起。

接下来的几页里将充满战争的喧嚣，我会尽可能简洁地概括发生在这一时期的事情，但这并不容易。况且，我们的南美洲历史知识极其匮乏，以至于我们可能不清楚玻利瓦尔从事军事活动的时间是华盛顿总统的3倍；他和圣马丁征战过的疆域几乎是美国革命军的50倍；玻利瓦尔领导的战士们从未摆脱过忍饥挨饿的滋味，却忠心耿耿地跟随了他20年。

玻利瓦尔已经从过去的经历中汲取了极为有益的经验，知道该如何进行战斗。他渐渐地明白了，战争是一项残酷的事业。他必须同一群背信弃义的敌人战斗，这些人同漫长悲惨的历史里记载着的背信弃义的人一样。对敌人，以礼相待是没有用的；怜悯他们，更是致命的，因为如果战败的是自己，敌人是不会心慈手软的。于是，玻利瓦尔提出的口号是："誓与所有西班牙人斗争到底！"与此同时，玻利瓦尔呼吁所有的南美人民与他们的委内瑞拉兄弟们共同战斗。尽管他的事业才刚刚开始，玻利瓦尔已经从"大陆概念"而不只是"国家概念"的角度考虑了，他同时代的人从未有如此的远见。

正是他——西蒙·玻利瓦尔，此后不久第一次提出了建立美洲合众国的构想。他的想法还不是很成熟，他也无暇顾及这样一个庞大的构想的具体细节。不过，无论如何，他是论及合众国可行性的第一人，这份荣誉应该完全属于他。

只有把所有的外国侵略者都赶出美洲之后，美洲合众国的构想才有可能实现。所以，玻利瓦尔痛斥西班牙人，强烈地呼吁与他们进行毫不心慈手软的斗争。他犀利的谴责没有得到广泛支持。相反，过激的言行听起来过分血腥，反倒吓怕了许多民众。但是，短短几年的战争后，西班牙人就用他们的实际行动向委内瑞拉人展示了他们是如何对待落入其手中的革命士兵和平民的。许多次残暴的大屠杀更表明玻利瓦尔当年提出的战斗口号是多么的英明。

　　1814年6月，在拉普塔的第一次战役中，博维斯击败了玻利瓦尔的军队，重返加拉加斯。他杀害了3 500多名来到首都、企图从拉瓜伊拉经由海路逃走的难民。

此后，至少在一段时间里，自由之战变成了生存之战。没有"体面的投降者"，在北美，独立战争时也是如此。要么你杀死你的敌人，要么你被敌人杀死；要么你绞死他，要么他绞死你，没有任何妥协或折中的办法。

这一回，玻利瓦尔采用快速推进的方法，为革命军打开了进入马格达

黑夜中，船只驶向英属牙买加。

莱纳河河谷的通道。随后，他率领了一支不足800人的军队（如果可以称之为军队的话）向东挺进。胜利鼓舞着他们，他们轻而易举地击败了前来拦截他们进入加拉加斯的一支1 500人的西班牙皇家军队。

梅里达和特鲁希略战役之后，通往委内瑞拉首府的道路已经畅通无阻了。仅用了90天时间，行程约750英里，进行了6场激战，击败了5支皇家军队，俘获了50门大炮。1813年8月6日，玻利瓦尔攻下了加拉加斯。

玻利瓦尔的命运发生如此大的转折是有特定的原因的。从第一次委内瑞拉起义到1813年战争的这段时间里，西班牙政府已经变得十分不得人心，这一次，革命将士被当作真正的救兵到处受到欢迎。玻利瓦尔被许诺可以得到任何他想要得到的职位。然而，玻利瓦尔再一次表现出了他见机行事的天赋，表示他唯一接受的职位就是在任何危险的地方做一名普通的士兵，用身体保护他的"同志"们。他只允许人民称他为解放者，除此之外，别无奢求。

他言出必行。1813年12月5日，玻利瓦尔像他说的那样，率领革命军彻底击败了3 500人的皇家军队，结束了西班牙殖民势力的进一步抵抗。要不是后来生活在奥利诺科河正西方与阿根廷地貌相似的辽阔平原上的牛仔们出乎意料地与西班牙人联盟，委内瑞拉人可能已经获得了最后的自由。

总体来说，南美洲的历史是漫长而血腥的。但是，如果推选一位在那个年代里最卑劣、最可耻的人的话，烧杀劫掠、嗜血如命的平原牛仔首领首当其冲。

现在登场的这个人自称何塞·托马斯·博维斯，可能这并不是这个红发野兽的真正名字。有一点我们可以肯定，他不是美洲人，而是正统的、来自阿斯图里亚斯省的西班牙人。他曾在加勒比海地区当过海盗，被西班牙人抓住后在监狱里度过了很长时间，不知道他怎么从被监禁的卡贝略港跑到了大平原上。他天生是个做领袖的材料，轻而易举地纠集起当地一些半开化的骑手，组建了一支纪律严明的一流土匪军队。

在第一次与这支危险的新敌军的交战中，玻利瓦尔就获胜了。1814年2月12日，在拉维多利亚附近，玻利瓦尔的军队严格按战术部署，给博维斯的牛仔军队以沉重的打击。正当他们乘胜追击溃逃的牛仔的时候，他们被眼前的惨状惊呆了：整个整个的村庄被洗劫，村民们——男人、女人和孩子无一幸存。此情此景让捍卫自由的战士们义愤填膺，甚至连对待战犯一向宽容的玻利瓦尔也失去了耐心，毅然下令将俘获的大约900名博维斯的士兵就地处死。

如果玻利瓦尔认为他严厉的惩罚可以给平原牛仔们一个教训的话，那他就大错特错了。1814年6月，在拉普塔的第一次战役中，博维斯击败了玻利瓦尔的军队，重返加拉加斯。他杀害了3 500多名来到首都、企图从拉瓜伊拉经由海路逃走的难民。

完全是由于运气好，就在即将被抓获的时候，玻利瓦尔躲过了这场灾难，而他的很多部下却没能幸免。惊慌失措的人们通常会失去理智，玻利瓦尔的许多军官愤怒地指责他是一个叛徒，有意把军队送到博维斯的手中。所幸的是，掌握玻利瓦尔命运的卡塔赫纳议会还记得他从前取得的许多胜利，没有盯着他的这次过错不放，对玻利瓦尔的军事才能给予了足够的肯定，让他指挥一支整装待发的军队，进攻上空仍飘扬着西班牙国旗的最大、最危险的据点——波哥大市。

开始时，"好运将军"还站在玻利瓦尔一边，可很快就回到了玻利瓦尔敌人的阵营。在圣玛尔塔战斗中，起义军惨遭重伤，损失了1 000多人和100多门大炮。

失败的原因是什么呢？还是嫉妒和不忠的老毛病造成的。许多人想

玻利瓦尔的革命队伍的条件非常艰苦，他们甚至经常找不到一个合适的宿营地。

　　费迪南德国王认为天赋皇权，他的皇位是仁慈的上帝赋予的，所以他只对上帝负责。他像个疯子一样残酷无情地统治西班牙，好像他的理想就是找出那些曾经大胆否定其权威的人们算账，而西蒙·玻利瓦尔始终是他的眼中钉。

抢夺兵权。他们妒忌玻利瓦尔与日俱增的声望，不遗余力地阻挠他取得胜利。对手下人的忘恩负义和胆小懦弱，玻利瓦尔感到万分痛心，他甚至准备放弃理想。他发誓永远不会再为生来就是做奴隶的人们费心劳神了。说到做到，他乘船驶往英属牙买加岛，打算从那里去欧洲，永远从美洲的政坛上消失。

但像从前一样，西蒙·玻利瓦尔的消极情绪只是暂时的。自由的事业在他生命中所占的位置太重了，以至于他不可能像普通的市民一样在英国或法国的某个小镇里安度余生。他从来就是一个做事认真负责的人，每天传来的西班牙人战胜的消息使他感到越来越愤怒。数以百计的爱国志士被枪杀，很多人被绞死，更多的人失踪在海岸边敌人要塞的地牢里，永远没有活着走出来。

甚至生活在中立国国土上的玻利瓦尔本人也不安全。有一天晚上，忙于为再一次讨伐西班牙军队而筹措资金的玻利瓦尔决定出去散步休息一下。当他回到自己的寓所时，他发现他的朋友躺在自己的沙发上。玻利瓦尔以为他的朋友想利用他不在的时候小憩一下，所以便走过去想推醒他，可他的朋友已经死了。玻利瓦尔以前的一个奴隶误以为躺在沙发上的是玻利瓦尔本人，拿刀子刺进了他的后背，杀死了他。

对政治暗杀从不袖手旁观的英国当局很快就抓住了凶手，并处决了他。同时，由于担心再发生类似的事情，当局暗示玻利瓦尔离开比留在英国会更受欢迎。当然，他们是因为知道玻利瓦尔正在酝酿着再一次进军南美，而他们不愿意卷入任何革命活动之中。英国政府花了差不多20年的时间才刚刚摆脱了宿敌——拿破仑。眼下，他们只想要和平、安宁和从长年战争后恢复元气的机会。

在西班牙，费迪南德国王已经继承了其父查理四世的王位。西班牙又回到了西班牙人的手中。不幸的是，新统治者比前国王更加昏庸。作为典型的波旁家族的一员，费迪南德是不会吸取教训的。在马德里的地位刚刚稳定，他立即就废除了在他流放期间忠诚的代言人——加拉加斯政务会所通过的一些英明的决议。费迪南德国王认为天赋皇权，他的皇位是仁慈的上帝赋予的，所以他只对上帝负责。他像个疯子一样残酷无情地统治西班牙，好像他的理想就是找出那些曾经大胆否定其权威的人们算账，而西蒙·玻利瓦尔始终是他的眼中钉。国王陛下给克复南美洲的海军将军的指示读起来不堪入耳，而海军中队（自1588年的无敌舰队以来，西班牙装备的最大的海军部队）的队长是经威灵顿公爵推荐的莫里洛将军，情况似乎更糟糕。这位公爵大人绝对是一名骁勇的战士，但他不相信世界各地的革命者的一派胡言。他认为只要铲除了这些可恶的革命思想，每一个人都会有好日子过。

帕伯罗·莫里洛先生没有辜负其皇家主子、英国朋友及支持者对他的厚望。日子一天天过去，随着被西班牙皇室行刑队杀害的爱国人士越来越多，名单上要消灭的敌人的名字越来越少。加勒比海的每一个岛屿上都很快就挤满了逃亡来的一船船的难民，他们虽然保住了生命，却失去了曾经拥有的东西。

虽然玻利瓦尔现在安然无恙，可一大笔可观的悬赏正等着某位能给国王陛下除掉其心腹大患的人捧走。玻利瓦尔比以前更加小心了，整天待在一个朋友家里，撰写革命檄文，并试图为再一次征战筹措资金。

整体上看，玻利瓦尔的《牙买加宣言》同他著名的1812年《卡塔赫纳宣言》大致相似。

在一封给金斯顿（牙买加首都）的英国商人的私人信件里，玻利瓦尔又一次简明扼要地表达了他对局势的看法。我想在这里复述其中的一部分。从这一段文字中我们可以看出，逆境丝毫没有浇灭玻利瓦尔的战斗豪情，关于最近这次战斗失败的原因，他认为同第一次失败的原因是一样的。

在给朋友马克斯韦尔·海斯洛普的信中，他这样写道：

在公共事务方面，没有任何先例和经验的我们，突然必须肩负井井有条地治理国家的重任。我们从没有机会像我们的兄弟邻邦美国一样培养自己的能力和公共美德。因为不具备他们的才能，我们还不能接受美国的制度。所以，我们暂时不能建立真正的共和国，我们需要一个家长式的政府来慢慢治愈专制和战争带给我们的创伤。简而言之，我们不想要君主制度，但我们还不完全适合建立一个共和政府。那么，让我们在这两个极端之间寻找一个平衡吧。把我们的理想留待未来，而现在去寻找一个在此时此地可行的方法。

的确是真知灼见，但却不是伦敦国王陛下政府的想法。因为当时伦敦的立场是"不惜代价，换取和平"。有一点需要补充，可以让英国普通百姓永远引以为荣的是，当时的英国民众非常反对国王和大臣们的反动观点。

特立尼达的几位公民，其中有一位叫路易斯·布里昂的犹太商人，不仅给玻利瓦尔提供了船只，而且还愿意投资几千美元来再一次尝试把西班牙人赶出南美大陆。可是，在特立尼达这么一个小岛上，这样的举动很快就传开了。玻利瓦尔第二次接到了官方的驱逐令，命令他在24小时内离开，换个地方去碰碰运气。但是，突然间乌云尽散，天空一片晴朗（在玻利瓦尔的一生中经常出现这样的情况），意想不到的事情发生了。玻利瓦尔收到主权国家——海地共和国总统的邀请，希望他光临做客，愿意待多久就待多久。玻利瓦尔感激不尽，毫不迟疑地接受了邀请，乘船前往太子港①。

现在，让我们回顾一下这段历史。美利坚合众国对这位为南美人民争取自由的解放者没有给予任何帮助。而一位曾经当过奴隶、名叫亚历山大·佩辛的黑人却竭尽全力地支持这一自由事业。他不仅接纳遭到西班牙政府迫害的难民，还给他们提供同其士兵一样的食宿条件。当玻利瓦尔一踏上海地的土地，他就受到了最高级别的欢迎，很快他得到了一笔资金来装备他的第三次（或者是第四次？）远征部队。

海地是一个贫穷的国家，但却做出了最大的努力。玻利瓦尔的部队由250人组成。他的牙买加朋友路易斯·布里昂担任这次疯狂冒险舰队的元帅。1815年11月，部队驶往新格林纳达海岸，船上配给充足，可以保证水手、士兵们三个星期不会挨饿。

玻利瓦尔登上大陆后做的第一件事就是宣布解放所有的奴隶。这一勇敢、前所未有的举措，无疑是他在出征前向佩辛所做出的承诺。很自然，海地的佩辛总统也想为自己的人民做些事情。另外，向他帮助过的客人索取"一点点回报"也是合情合理的。有趣的是，玻利瓦尔发布的解放黑奴的宣言整整比美国林肯总统的《解放黑奴宣言》早了47年。

玻利瓦尔就这样不经意地得到了所有委内瑞拉黑人的支持。登岸后，他率领部队向卡塔赫纳方向进攻。可他发现，他的部队力量太弱小，于是又匆匆返回海地寻求援助，佩辛再一次伸出了友爱之手。玻利瓦尔率领着精兵强将（在他最亲密的战友安东尼奥·何塞·苏克雷的大力协助下）向敌人发起了勇猛无畏的进攻。

攻下位于奥里诺科河畔的安戈斯图拉城之后，玻利瓦尔控制了内陆地

---

① 海地的首都。

玻利瓦尔的士兵翻越了安第斯山脉。

区。"好运将军"（永远没有稳定的时候）一定记起在上一场战役中对这位解放者过于苛刻，于是决定这一次帮助他。

　　在不久之前的一次小规模战斗中，一名委内瑞拉战士（还是个不大懂事的孩子，不知道自己做了什么）竟杀死了罪恶滔天的博维斯，平原牛仔们不得不再推举一位首领。他们推选的继任者与前任完全不同。他热爱所有的委内瑞拉人而不是憎恨他们，他愿意为他们做一些事情。他的名字叫作何塞·安东尼奥·派斯。同博维斯一样，他是一个头脑简单、没受过多少教育的文盲牛仔。但是，他出生在南美洲的土地上，由衷地痛恨西班牙人，这一点与博维斯衷心地爱戴西班牙人形成鲜明的对比。所以，派斯加入到了解放者的队伍里。平原牛仔们没有自己的政治立场，他们愿意跟随任何他们认定的首领。这一回，他们像以前支持暴君的事业一样，以同样不怕死的精神站到了自由事业的一边。

玻利瓦尔抛开"花花公子和大城市人"的舒适生活，融入了平原牛仔的队伍里，在荒郊野外过着艰苦的生活。虽然生活艰苦，但他们却充满了热情。他们齐心协力，使西班牙人连连败退。安戈斯图拉成为了新建的革命联盟的首府，一切充满了光明，前途无量，人们甚至开始着手建立一个新的政府。

但是，一贯诡秘无常的"好运将军"又厌倦了同爱国者们并肩战斗，又一次回到了皇家军队的阵营。1818年3月15日，在拉普埃尔塔的第三次战役中，莫里洛将军击败了西蒙·玻利瓦尔的军队，玻利瓦尔本人受了重伤，靠其战马才得以逃脱，躲避在一个农民的家里。

革命军溃不成军，这一次，似乎南美人民自由的事业又要一败涂地了。要不是因为玻利瓦尔坚忍顽强的个性，这可能就是最后的结局了。在这个方面，玻利瓦尔与美国的华盛顿将军极为相似，华盛顿将军在遭到挫折之后会立即做出最机敏的反应。

当玻利瓦尔又有时间拿起笔来的时候，他立即坐在临时凑起来的小书桌旁，以他永不枯竭的战斗檄文继续他的战斗。他向新格林纳达当局（现在没有任何政权）承诺，所有的委内瑞拉人民会很快站起来支持他们。他预言革命很快就能够取得胜利，以此来鼓舞安戈斯图拉人的斗志。到那时，他们将有幸成为第一批宣布统一的南美洲的人，他将给予为此做出贡献的人们双倍的回报。

　　此时，玻利瓦尔在迅速地康复。百忙之中，他忙里偷闲地认真钻研了汉尼拔、恺撒和拿破仑的战略战术。后来，在1819年的战斗中，玻利瓦尔炉火纯青地组织了今天被我们称作"闪电战"的战役，因而声名大振。

　　玻利瓦尔从海岸和北部对西班牙人发起的进攻已经使他们受到了重创，这一次他又决定从后面偷袭。1819年5月，玻利瓦尔率领2 500名战士，没有任何大炮装备，消失在苍茫的群山之间。

　　总体而言，这次攀登安第斯山脉的征程与20个世纪以前汉尼拔翻越阿尔卑斯山脉的征程一样艰难。汉尼拔走过的是一条史前时代的通路，而玻利瓦尔必须在根本没有道路的情况下翻越安第斯山脉。此外，玻利瓦尔的战士们衣衫褴褛，许多人连鞋子都没有。白天，炙热的太阳像火盆一样烤着他们，而在夜晚，温度会降到零摄氏度以下，夹杂着风雪的冷风无情地拍打着战士们的身躯。更糟糕的是，在他们抵达安第斯山的山脚之前，他们必须涉过奥里诺科河的沼泽地。衣服和刀枪还来不及晒干，他们又得置身于高山雪地之中。

　　经历了千难万险之后，战士们终于来到了新格林纳达的平原地区。但是，迎接他们的却是令人沮丧的消息。尽管他们一直保持着秘密行动，可西班牙总督还是听到了风声，已经集合了5 000多人来对付数目不及他们一半的疲惫的革命军。

　　玻利瓦尔仅有几天的准备时间，他知道一场战斗是在所难免的了。于是，他利用短暂的时间做了精心的准备。当战斗打响后，他一举歼灭了国王的部队，俘虏了2 000多名敌军。幸存的敌兵逃到了波哥大城，很快与西班牙总督及其军队会合。顺便提一句，这次战役就是南美历史上著名的博亚卡桥战役。

　　几天之后，玻利瓦尔的士兵们穿丛林、越高山，进入了波哥大城。

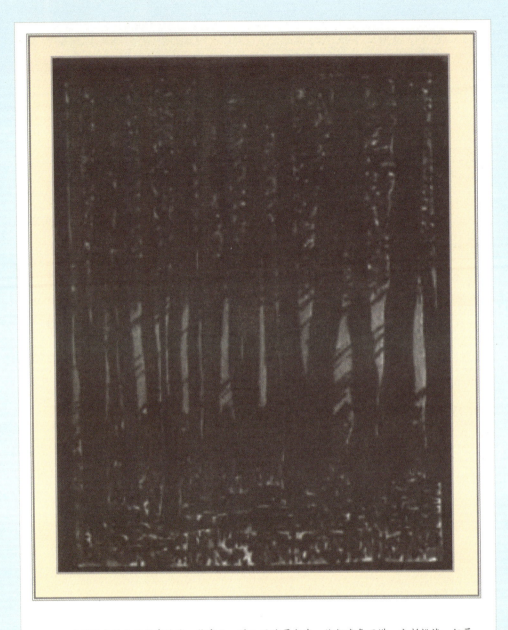

　　玻利瓦尔的士兵们穿丛林、越高山，进入了波哥大城。他们疲惫不堪、衣衫褴褛，但勇敢顽强，心中充满着对未来的期望。西蒙·玻利瓦尔一时间成了风云人物。

他们疲惫不堪、衣衫褴褛，但勇敢顽强，心中充满着对未来的期望。西蒙·玻利瓦尔一时间成了风云人物。但像以前许多次一样，当他被许诺可以得到任何想要的东西时，他拒绝了任何可以得到的荣誉，仅仅接受了新格林纳达解放者的头衔，因为他已经有了委内瑞拉解放者的称号。

看来最后胜利的时机似乎已经到来。可是，当鲜花和五彩纸屑刚刚从波哥大城的街道上清扫干净，灾难又第三次袭来，毁坏了看似已经建立在永恒基础上的独立和自由。

玻利瓦尔最重要的将军之一叫弗朗西斯科·德·保罗·桑坦德，是哥伦比亚人。这位一流的战将，却有一个致命的缺点，那就是疑心重重。因为有疑心，桑坦德不仅同他的敌人，也和他的朋友争吵。尽管玻利瓦尔宣布这一次要人道地对待所有的西班牙战俘，桑坦德还是突然下令杀死了29名投降的西班牙军官，就像对待死刑犯一样，从后背射击他们。玻利瓦尔批评了他的野蛮行径，他却为自己开脱说，波哥大人民的感情已经被莫里洛将军的军队曾经犯下的暴行扭曲了，如果他不这样做的话，人民就会发生骚乱，进行私刑。

不幸的是，玻利瓦尔非常需要桑坦德将军，因为他是备受爱戴的地方英雄，有一群当地的追随者，所以玻利瓦尔只能对此事不了了之。但是，两人之间的关系却从此紧张起来，甚至在几年后，桑坦德竟然密谋行刺玻利瓦尔。

然而在目前，两人之间还维持着表面上的尊重。玻利瓦尔把事情留给桑坦德处理，自己回到委内瑞拉去实现他的宏伟理想，那就是建立一个包括南美洲北部各行政省在内的一个大的共和国。

他发现委内瑞拉的情况比他预想中的要好得多。委内瑞拉议会愿意聆听他的计划。共和国——他的共和国——他为之奋斗多年，克服了无数次失败和挫折——他的梦想终于成为了现实。

他的共和国叫大哥伦比亚共和国，包括现在的主权国家委内瑞拉、哥伦比亚和厄瓜多尔（当时与其首都同名，叫基多）。西蒙·玻利瓦尔本人被任命为共和国的第一任总统。那时，他36岁。

玻利瓦尔还有十几年时间要活，他以后的生命中充满了不断的失败和失望。但是，他永远可以骄傲地说，在他生命的最后篇章中，他表现得比他把世界踩在脚下、被任命为南美洲第一公民之前更加伟大。